"그 소리는 온 땅으로,
그 말은 누리 끝까지
퍼져나가네." (시편 19.5)

보잘것없는 사람의 모습으로 다가와
나의 삶에, 너의 삶이
보잘것없지 않다고 말하고 가르친
그의 이야기가 당신에게도
힘이 되기를 바랍니다.
당신이 잘 있어야
저도 잘 있을 수 있습니다.

한 동 일

그가 우리에게 말하는 것

삶을 위한 성경 강독

그가
우리에게
말하는
것

한 동 일

Quod is nobis dict
Lectio Sacrae Scripturae ad Vitam

이야기를 시작하며

시간은 늘 시간이고

자리는 늘 자리일 뿐

실재는 오직 한순간 한 자리에만

실재한다는 걸 알기에

나는 있는 그대로의 세상을 보는 것이 좋고

거룩한 얼굴에 연연하지 않으며

그 목소리에도 연연하지 않으리

다시 돌아가리라는 희망이 없기에

그래서 나는 즐겁다

즐거워할 무언가를 만들어야 하니까

— T.S. 엘리엇, 〈재의 수요일〉 중에서

2021년, 저는 공식적으로 가톨릭교회의 사제직을 자발적으로 내려놓았습니다. 이 소식을 그해 출간한 『믿는 인간에 대하여』를 통해 알리기도 했지요. 사제가 되기 위해 걸렸던 12년의 시간, 사제의 신분으로 살았던 21년의 생활을 접고 새로운 시작을 하기로 했습니다. 이 같은 결심은 제가 로마에서 박사학위를 마친 후 바티칸 대법원 로타 로마나의 변호사 자격을 준비하는 과정에서 비롯된 결과이기도 합니다.

2008년, 제가 소속되어 있던 교구에서는 처음 예정대로 제가 박사학위를 마치고 교구로 돌아오기를 바랐고, 저는 로마에 남아서 로타 로마나 과정을 이어가고 싶었습니다. 서로 뜻을 굽히지 못한 끝에 교구에서는 저에게 로마에 남겠다면 교구에서 떠나달라고 했고 저는 그 제안을 받아들였습니다. 공부를 이어나가고 싶은 인간적인 욕심을 내려놓지 못해서 공부를 계속하는 대신 소속 없는 사제가 된 것이지요. 결국 저는 제 뜻대로 로타 로마나 과정을 모두 마치고 교회법 전문가가 되어 돌아왔지만 한국 가톨릭 교회 안에서 할 수 있는 일이 없었습니다.

지금의 이 글은 제가 사제라는 이름으로 보낸 21년 동안 할 수 없었던 강론을 글로 옮긴 것 같기도 하고, 친근한 것에서 즐거움을 찾고자 하는 몸부림이기도 합니다. 하지만 무엇보다 이 글을 쓰며 제 자신을 돌아보고 우리를 생각해보게 됐습니다. 한편으로는 사제직을 그만두길 잘했다는 생각도 들었습니다. 과거에는 성경과 관련한 글을 쓸 때 단어 하나하나, 한 문장 한 문장 치열한 자기검열을 해야만 했습니다. 성경은 성경의 메시지 자체를 전달하는 것이 중요하기 때문에 사제로서 성경을 이야기할 때는 자신이 하고 싶은 말을 하기 위해 성경 본문을 이용해서는 안 되며, 자기 생각을 전달하기 위해 이용해서도 안 되기 때문입니다. 일반인이 된 지금도 그 점을 유념하며 글을 쓰지만 예전과 같은 정도로 자기검열을 하지는 않게 되었습니다. 이제야 작가이자 학자로서 자유로움을 느낍니다.

또 한편으로 이 작업을 하며 '예리코의 눈먼 이를 고치신 예수'(마르 10, 46-52) 이야기가 떠올랐는데요. 그 내용은 예수가 제자들, 군중과 더불어 예리코를 떠날 때의 이야기입니다. 길가에 앉아 있던 티매오의 아들, 바르티매오라는 눈먼 거지가 눈을 뜨게 해달라고 예수에게 소리 높여 간청합니다. 많은 사람이 그에게 잠자코 있으라고 꾸짖지만 그는 더 큰 목소리로 청하지요. 그의 외침을 들은 예수가 그를 불러 "내가 너에게 무엇을 해주기를 바라느냐?" 하고 묻자, 그는 "스승님, 제가 다시 볼 수 있게 해주십시오."(마르 10, 51)라고 청합니다. 저는 이 글을 쓰는 동안 성경 말씀을 여러 번 묵상했는데, 어느 순간 바르티매오가 했던 것과 같은 청이 제 입에서 흘러나왔습니다.

"스승님, 제가 다시 볼 수 있게 해주십시오.
주님, 우리가 당신의 말씀을 다시 보게 해주십시오."

Rabboni, ut videam.
랍보니, 우트 비데암.

이 책은 기독교 신자가 아닌 분들에게는 조금 낯선 이야기
일 수도 있겠습니다. 하지만 성경은 기원전 1천 년경으로부터
기원후 2세기에 이르는 동안에 기록된 책입니다. 특정 종교의
경전이기 이전에 인간과 공동체, 사회를 깊이 들여다볼 수 있
는 문헌 자료이기도 합니다. 한 가지 사건을 바라보는 여러 개
의 시선을 만나볼 수도 있고요. 그렇기에 성경 속 이야기는 특
정 종교에 국한된 이야기가 아니라 오늘을 사는 나와 우리, 인
간 사회를 위한 이야기일 수 있다고 생각합니다. 그리고 이 같
은 성경을 통해서 저는 지금까지 무엇을 보고 싶었는지, 지금
무엇을 보고 있고 또 앞으로 무엇을 보고 싶은지 다시 생각해
봅니다.

개인적으로 성경 속의 예수와 제자들, 여러 인물을 바라보

는 일은 마치 거울을 바라보는 것과 같았습니다. 그들 속에서 제 민낯과 깊은 외로움과 아픔을 다시 마주할 수 있었기 때문입니다. 우리가 함께 사는 공동체를, 사회를 들여다보기도 했습니다. 때로는 성찰의 기회를, 때로는 위로와 격려를, 때로는 나아가야 할 방향을 마주하기도 했습니다. 돌아봄과 바라봄은 한곳에 머무는 것이 아니라 깊어지고 나아가는 것일 겁니다. 그리고 이를 위해 우리에게 필요한 것은 바로 일어나 가는 것입니다.

일어나 가자. (마태 26, 46)

Surgite, eamus.

수르지테, 에아무스.

이 책을 읽는 독자분들이 제 부족한 이야기를 통해서 한 개인으로서, 사회의 한 구성원으로서 함께 깊어지고 일어나 나아가기를 희망합니다.

2024년 연희동 안산 자락에서, 한동일

차례 ————

※ 각 글의 제목이 긴 경우 차례에는 간추려 넣었습니다.

일러두기

1. 본문에 사용한 『성경』은 한국 천주교 주교회의 성서위원회가 편찬하고 한국 천주교 주교회의가 승인한 한국 교회 공용 번역본임을 밝힙니다.

2. 그 외 우리말 성경은 대한성서공회에서 발행한 『공동번역 성서』를 인용하기도 했습니다.

3. 그리스어 성경은 The Greek New Testament, Fourth Revised Edition edited by Barbara Aland, Kurt Aland, Johannes Karavidopoulos, Carlo M. Martini and Bruce M. Metzger, Deutsche Bibelgesellschaft, 1993을 사용하였습니다.

4. 라틴어 성경은 대중말 라틴어 성경 불가타 Bibliorum Sacrorum iuxta Vulgatam Clementinam Nova Editio, Curavit Aloisius Gramatica, Typis Polyglottis Vaticanis, ristampa, 1959을 사용하였습니다.

5. 라틴어 성경은 대중말 라틴어 성경 불가타 Biblia Sacra iuxta Vulgatam Versionem, Adiuvantibus B. Fischer, I. Gribomont, H. F. D. Sparks, W. Thiele, Deutsche Bibelgesellschaft, 1969을 사용하였습니다.

6. 이탈리아 성경은 La Bibbia, Nuovissima versione dai testi originali III: Nuovo Testamento, Cinisello Balsamo, Edizioni San Paolo, 1991을 사용하였습니다.

7. 이탈리아 성경은 La Bibbia di Gerusalemme, Testo biblico di La Sacra Bibbia della Cei 〈editio princeps〉, 2008을 사용하였습니다.

8. 영어 성경은 The New Jerusalem Bible 1990년 판을 사용하였습니다.

9. 우리말 표기는 국립국어원에서 펴낸 『표준국어대사전』을 기준으로 삼았으며, 외래어 표기는 정부에서 제시한 '외래어 표기법'을 따르되 이 책이 성경에 관한 책이기 때문에 성경의 외래어 표기법을 존중하여 따른 것도 있습니다.

10. 라틴어 발음은 국립국어원 외래어 표기에 따르되, 성경의 라틴어 발음은 교회 발음이 우선이기에 일부는 교회 발음을 따랐습니다.

1장

고독과 아픔 속에서
앞을 바라보는 우리에게

한처음에 말씀이 계셨다.

In principio erat Verbum.
인 프린치피오 에라트 베르붐.
— 요한 1, 1

인류는 태초를 어떻게 그렸을까요? 우리는 성경의 창세기에서 그에 대한 힌트를 얻을 수 있습니다. 다만 과학자들이 말하는 '태초'와 현생 인류의 시조들이 생각했던 '태초'에는 차이가 있다는 점을 염두에 두어야 합니다.

인류의 조상들은 "태초에 무엇이 있었을까In principio quod erat. 프린치피오 쿼드 에라트?"라는 의문을 품거나 질문을 했을 것입니다. 태초의 인간은 '생각하는 존재가 있다'라는 사실에서 시작합니다. 태초의 시작은 그것을 궁금해했던 인간의 지각, 즉 질문에서 출발합니다. 다시 말해 존재가 있고 그것이 지각되는 것이 아니라 지각이 시작될 때 존재하는 것이 됩니다.

한편 창세기의 저자들이 인식한 현실은 죽도록 고생해야 먹고살 수 있다는 것이었지만, 그들은 이것 외에도 공동체의 실질적인 어려움과 마주해야 했습니다. 그 어려움이란 다름 아닌 '폭력, 비올렌티아violentia'였는데요. 창세기에는 아담과 하와의 선악과 이야기에 이어 카인과 아벨 형제 사이에 일어난 범죄 이야기가 등장하지요. 이때의 범죄는 농경 부족인 카인과 목축 부족인 아벨 사이에 벌어진 살인을 말합니다. 즉, 태초의 인간이 마주한 현실은 폭력이었습니다. 그러니 이렇게 말해볼 수도 있겠습니다.

태초에 질문과 폭력이 있었습니다.

In principio erant quaestio violentiaque.

인 프린치피오 에란트 쾌스티오 비올렌티아퀘.

그런데 "태초에 무엇이 있었을까?"라는 질문에 대한 답이 "한처음에 말씀이 계셨다"가 아니라 "한처음에 폭력이 있었다"가 되면 어떤 차이가 있을까요?

요한복음의 첫 구절, "한처음에 말씀이 계셨다" 바로 뒤에는 "말씀은 하느님이셨다"라는 구절이 이어집니다. 이는 현실이 남루하고 비루할지언정 '한처음', 인간 존재의 시작을 '말씀' 곧 '하느님'에 두고 있음을 말합니다. 인간 존재의 근본이 신에게 있다는 이야기입니다. 그런 점에서 "한처음에 말씀이 계셨다"라는 말만큼 '이상理想'보다 더 아름다운 '이상異常'이 있을 수 있을까요? 요한복음은 참 아름다운 복음서입니다. 인간의 비루한 현실에서 그 어떤 명화보다 아름답고 신비롭게 다가오는 복음서이지요. 그런데 이 구절을 "한처음에 폭력이 있었다"로 바꾸면 어떻게 되겠습니까? 인간 존재의 근본이 결국 폭력에 있다고 이야기하는 것이 됩니다. 그렇게 되면 우리 존재의 시작이 비루하고 남루해져버리고 맙니다.

그와 같은 맥락으로 우리는 우리의 시작을 어디에 두어야 하는가 생각해봅니다. 저는 가끔 젊은 친구들과 학업이나 진로에 대해 상담할 때 그들의 이야기를 다 듣고 난 뒤에 이렇게 말하곤 합니다.

"맞습니다. 지금 이전의 삶은 그대 탓인 게 거의, 아니 하나도 없습니다. 어떤 것은 부모 탓, 어떤 것은 학교 탓, 어떤 것은 남 탓, 다 맞습니다. 그러나 지금 저와 이야기하고 있는 이 순간 이후에 대한 모든 책임은 당신에게 있다고 생각해보십시오. 지금 이전의 삶에 대해서는 충분히 남 탓을 할 수 있지만 지금 이후의 삶은 오롯이 당신이 할 몫이라고요. 그렇다면 당신은 앞으로 어떻게 행동하겠습니까?"

장성한 자식이 술에 만취해 부모에게 "제게 해준 게 뭐가 있습니까?"라는 식으로 한탄하는 경우를 종종 봅니다. 그렇게 하면 그 사람은 자기 가슴속 울분을 잠시나마 부모에게 전가할 수 있을지 모르지만 궁극적인 답답함은 해결되지 않을 겁니다. 오히려 그런 자신이 더 비참하고 비루하게 느껴지겠지요. 그렇게 해서 삶이 나아지고 바뀐다면 계속 그렇게 해도 됩니다. 하지만 삶은 그런 식으로 해서 바뀌지도, 나아지지도 않습니다.

"한처음에 말씀이 계셨다"와 "한처음에 폭력이 있었다"가 다른 것처럼 "처음에 남 탓이 있었다"와 "처음에 내 할 몫이 있었다"는 그렇게 다르게 됩니다. 무엇 때문에 할 수 없었던 것에서 무엇 때문에 할 수 있는 것으로 생각이 바뀔 수 있습니다. 나의 시작을 남 탓하는 것에 둘 것인지, 내 할 몫으로 둘 것인지 생각해보아야 합니다. 그래서 한처음에는 말씀이 있어야 합니다. 그것은 우리가 일어나서 나아가기 위해서이며, 거룩한 존재가 되고자 하는 발걸음일 것입니다.

19

02

내가 약할 때에
오히려 강하기 때문입니다.

Cum enim infirmor, tunc potens sum.

쿰 에님 인피르모르, 툰크 포텐스 숨.

— 2코린 12, 10

신이 있다면, 또 그 신이 좋은 신이라면, 그 신에게 인간이 봉헌할 수 있는 것이 무엇일까 생각해봅니다. 인간이 행할 수 있는 업적과 선행일까요? 그러면 참 좋겠지만 현실은 매일 매일 하지 않겠다고 결심하는 것들에 대한 반복된 실패로 얼룩져 있기 마련입니다. 저 역시 매일 매 순간, 일곱 번이 아니라 일흔일곱 번까지 '여기까지만' 하며 포기하는 일을 하지 말자고 **내 마음을 다하고 내 목숨을 다하고 내 정신을 다하여** 했던 다짐이 무너져내리는 것을 무력하게 지켜봐야 할 때가 더 많았습니다. 그렇게 무너진 자리에는 제 부서진 영과 꺾인 마음들이 남았지요. 그때 이런 생각이 들었습니다. 어쩌면 인간이 신에게 바칠 수 있는 최고의 봉헌물은 '매일 매 순간 결심한 것들에 대한 반복된 실패'일 거라고요.

> 하느님께 맞갖은 제물은 부서진 영,
>
> 부서지고 꺾인 마음을
>
> 하느님, 당신께서는 업신여기지 않으십니다. (시편 51, 19)

부서진 영, 부서지고 꺾인 마음만을 신에게 바칠 수 있었습니다. 그리고 하느님은 그런 저를 업신여기지 않았습니다. 그런 점에서 이 글은 제 지극한 부끄러움과 인간적인 약점, 미성숙함만 내보일 수밖에 없는 제가 '내가 약할 때 오히려 나는 강하다'라는 말씀을 떠올리며 쓴 것입니다. 그리고 오늘날 우리 사회의 젊은이들과 많은 사회적 약자들이 처한 현실에서, 그들과 조금이라도 공유할 수 있는 것은 무엇일까 하는 고민에서 나온 글이기도 합니다. 즉 제 약함과 부끄러움이 또 다른 누군가에게는 작은 위로와 용기가 되길 바라는 마음입니다. 우리는 우리가 약해졌을 때 오히려 더 강해질 수 있습니다. 그것이 신앙이고 믿음입니다.

당신의 치부를 드러내라!

Monstra tuas fragilitates!

몬스트라 투아스 프라질리타테스!

치부는 드러내는 순간 더 이상 치부가 아니게 됩니다. 개인도, 사회도, 교회도 자신의 치부라고 생각하는 것을 드러낼 수 있을 때 또 다른 깊이로 나아갈 수 있습니다. 부끄러움을 드러내는 것은 크나큰 용기이며 희망이 드러나는 표지이기도 합니다. 우리의 약함을 드러낼 때 우리 존재의 깊이와 넓이의 차원이 달라질 겁니다. 그러니 두려워하지 말고 자신의 부끄러운 점을 마주하는 세계로 나아가기를 바랍니다. 이것은 저 자신에게 하는 이야기이기도 합니다.

> 하느님께서는 하늘에서
> 사람들을 굽어살피신다,
> 그 누가 깨달음 있어
> 하느님을 찾는지 보시려고. (시편 53, 3)

03

너희가 무엇이든지 땅에서 매면
하늘에서도 매일 것이고, 너희가 무엇이든지
땅에서 풀면 하늘에서도 풀릴 것이다.

Quaecumque alligaveritis super terram erunt ligata et in caelo,
et quaecuamque solveritis super terram erunt soluta et in caelo.

쾌쿰퀘 알리가베리티스 수페르 테람 에룬트 리가타 에트 인 챌로,
에트 쾌쿰퀘 솔베리티스 수페르 테람 에룬트 솔루타 에트 인 챌로.

— 마태 18, 18

어느 날 마태오복음 18장 18절을 읽는데 욥의 절규가 밀려왔
습니다.

선을 기다렸는데 악이 닥쳐오고

빛을 바랐는데 어둠이 닥쳐오는구려.

속은 쉴 새 없이 끓어오르고

고통의 나날은 다가오네. (욥 30, 26-27)

Expectabam bona et venerunt mihi mala

praestolabar lucem et eruperunt tenebrae

interiora mea efferbuerunt absque

ulla requie praevenerunt me dies adflictionis.

엑스펙타밤 보나 에트 베네룬트 미기 말라

프래스톨라바르 루쳄 에트 에루페룬트 테네브래

인테리오라 메아 에페르부에룬트 압스쾌

울라 레퀴에 프래베네룬트 메 디에스 아드플릭티오니스.

욥의 이 절규에서 우리 각자의 애타는 부르짖음을 떠올려
봅니다. 우리는 절망적인 상황에 맞닥뜨리면 처음에는 탄식과
한숨을 내쉽니다. 그리고 어떤 때는 몸을 가누지 못할 만큼 술
에 취한 상태로 시간을 보내기도 합니다. 그런데 그렇게 술을
마시고 깬 다음 날 마음은 더 우울해지지요. 내 마음속은 계속
해서 끓어오르고 좌절과 괴로움의 나날도 이어집니다.

진정 세상에 사는 것은 괴로움이다. 인간이 더 영적으로
살고자 하면 할수록 현재의 삶은 인간에게 더 고통스러워
진다.

Vere miseria est vivere super terram. Quanto homo voluerit

esse spiritualior, tanto praesens vita fit ei amarior.

베레 미제리아 에스트 비베레 수페르 테람. 칸토 호모 볼루에리트 에쎄 스피리투알리오르, 탄토 프래센스 비타 피트 에이 아마리오르.

— 토마스 아 켐피스, 『그리스도를 따라』, 1, 22, 2

한편으로 우리는 모든 것이 나 자신에 달려 있고 나 스스로 해내야 한다는 상투적인 말에 지쳐 있습니다. 끊임없이 나를 쥐어짜내는 것만 같은 말에 삶이 우리를 속이는 것처럼 느껴지기도 합니다. 인간은 인간이기 때문에 그런 현실 앞에서 주저앉을 수도 있고, '그럼에도 불구하고'라고 말하며 일어설 수도 있습니다. 어느 선택도 맞고 틀리고의 문제는 아닙니다.

다만 중요한 사실은 우리는 삶이 주어지는 한, 숨 쉬어야 한다는 점입니다. 삶이 나를 속일지라도, 현실이 공허하다고 해도 우리는 그 안에서 각자에게 맞는 숨을 찾아 계속 쉬어야 하지요. 저 또한 그럴 수 있는 길을 찾습니다. **인간은 원하는 것을 가지지 못할 때 불행한 것이 아니라, 숨을 쉴 수 없을 때 불행해집니다.**

"한숨지으며 하는 말을 들어보십시오 Audi suspirantem, et dicentem. 아우디 수스피란템, 에트 디첸템." **누군가에게는 한숨도 기도일** 수 있습니다. 이 같은 기도는 "너희는 기도할 때 이방인들처

25

럼 빈말을 되풀이하지 마라. 그들은 말을 많이 해야만 하느님께서 들어주시는 줄 안다"(『공동번역』, 마태 6, 7)라는 성경 구절에서 말하는 '입으로 하는 기도'가 아닙니다. 골방에 들어가 문을 닫은 다음, 당신을 드러내지도, 빠른 답을 해주지도 않는 하느님을 향해 드리는 기도입니다.(『공동번역』, 마태 6, 6 참조) 여기서 말하는 골방은 각자 마음의 골방입니다. 마음의 골방에 들어가기 위해서는 아무래도 조용한 침묵의 공간이 좋겠지만, 여기에서 경험하게 될 것입니다. **침묵은 고요하지 않음을.**

끊임없이 마음의 골방에서 울리는 소리를 듣게 될 텐데, 이때 중요한 것은 어떠한 생각도 막아서는 안 된다는 점입니다. 우리가 '잡념'이라고 부르는 여러 가지 잡스러운 생각에서부터 기도를 방해하는, 여러 가지 옳지 못하다고 생각하는 것에 이르기까지 모두요. 이유는 그 모두가 나 자신이기 때문입니다. 즉 마음의 골방에 처음 들어서면 분명히 잡념이 나를 기다리고 있습니다. 잡념이 지나가고 또 지나가면 하고 싶었던 일, 하고 싶은 일, 되고자 하는 일, 그러지 못해 마음 아파했던 모습들, 미움, 원망, 쉽게 체념하는 나, 지독히도 한심한 나, 생각의 골방이 아니라 진짜 골방에 가두어버린 자기 자신이 보일 겁니다. 그리고 이 방을 더 지나다 보면 그런 결과에 지대하게 일조했던, 용서할 수 없을 것만 같은 사람들도 보일 겁니다. 다시 말해서 처음에는 시간이 지나면 잊히는 소모형 이슈와 연막용 이슈들이 찾아오고, 그것이 떠나고 난 뒤에야 진짜 주요한 쟁점이 보인다는 뜻입니다. 그러나 이것이 무엇인지 확인했다고 해서 문제가 해결된 것이 아니라는 사실도 기억해야 합니다.

그 다음은 풀어야 할 것이 보이는 순간이 찾아옵니다. 저 역시 그런 순간과 마주해본 적이 있습니다. 그때 한낱 인간인 제가 응답할 수 있는 기도는 이것이었습니다.

말씀하십시오. 당신 종이 듣고 있습니다. (1사무 3, 10)
Loquere quia audit servus tuus.
로쾌레 퀴아 아우디트 세르부스 투우스.

주님, 제 말씀에 귀를 기울이소서.
제 탄식을 살펴 들어주소서. (시편 5, 2)
Verba mea auribus percipe Domine.
intellege clamorem meum.
베르바 메아 아우리부스 페르치페 도미네.
인텔레제 클라모렘 메움.

그 가운데 어떤 이들은 "인간이 무엇이기에 이토록 기억해주시며 인간이 무엇이기에 이토록 돌보아주십니까?"(시편 8, 5)라고 찬미의 기도를 드리는 사람도 있을 겁니다. 하지만 왜 나는 이렇게 버려두시고 저 사람에게는 저러한 은총을 주시는가? 나는 큰 고통을 겪고 있는데 왜 저 사람은 축복을 누리며 살고 있는가? 같은 생각과 마주할 수도 있습니다. 그러나 분명한 것은 우리가 마음의 골방에 발을 들여놓을 때 우리 안에 있는 매어야 할 것과 풀어야 할 것이 보일 거라는 사실입니다. 과연 언제부터 매듭이 꼬이기 시작했는지, 나는 언제 어디에서부터 길을 벗어나고 있었는지 말입니다.

잘 짜인 매듭도 풀려면 힘든데 잔뜩 꼬인 매듭은 어떻겠습니까? 사람의 마음을 돌볼 새 없이 압축 성장을 해온 대한민국에서는 개인도 사회도 일종의 킬러 문항 같은 압축 문제를 겪고 있습니다. 하지만 꼬인 매듭은 언제가 되었든 반드시 풀어야 합니다. 꼬인 매듭을 풀지 않고 계속해서 매듭을 쌓게 되면 그것은 결국 우리 자신을 옥죄는 포승줄이 되어버립니다.

"너희가 무엇이든지 땅에서 매면 하늘에도 매여 있을 것이며, 땅에서 풀면 하늘에도 풀려 있을 것이다"라는 마태오복음의 말씀은 풀어야 할 꼬인 매듭이 무엇이든지 우리가 그것을 풀면 우리 안에서 풀릴 것이고, 우리가 다시 매면 그것은 우리 안에서 새로운 매듭이 될 것이라는 말씀으로 받아들일 수 있습니다. **인간은 자기 삶의 주석자, 해석자가 되어야 합니다.**

04

나는 세상에 불을 지르러 왔다.

Ignem veni mittere in terram.

이넴 베니 미테레 인 테람.

― 루카 12, 49

침묵이 고요하지 않은 것처럼 하느님의 말씀도 고요하지 않습니다. 그분의 말씀은 불과 같아서 말씀을 접한 사람의 마음은 평화로울 수 없습니다.(예레 5, 14 참조) 말씀을 접한 인간에게는 평화가 아니라 수많은 갈등의 요소로 불이 붙습니다. 말씀으로 인해 불이 붙는 것은 그 말씀이 이전과는 다른 삶과 생활을 요구하기 때문입니다. 침묵의 공간에서 오히려 침묵하지 않는 내면을 발견하는 것처럼 말씀은 그렇게 우리 마음에 불을 지릅니다. 그러나 침묵조차 고요하지 않을 때, 우리는 그

속에서 진짜 평화가 무엇인지 생각하게 됩니다.

많은 심리학 서적에서 삶의 의미를 발견하는 것이 중요하고 모든 인생에 의미가 있다고 강조합니다. 그러나 매 순간 그래야 할까 하는 의문이 들기도 합니다. 사실 매 순간 그럴 수도 없고, 그럴 필요도 없을지 모릅니다. 그것은 기쁨과 만족의 강도가 시간의 흐름에 따라 변하는 것처럼 삶의 의미를 발견하는 순간도 시간의 흐름에 따라 변할 수 있기 때문입니다.

니체는 "왜 살아야 하는지 아는 사람은 그 어떤 상황을 견딜 수 있다"라고 말한 바 있습니다. 이 말은 희망이 없고 희망할 수 없을 것 같은 현실에서 더 절실히 다가오는 절규 같기도 합니다. 예수가 자신의 고난을 앞두고 "예언자들이 기록한 성경 말씀이 이루어지려고 이 모든 일이 일어난 것이다"(마태 26, 56)라고 말하고, 자신에게 다가올 수난에 묵묵히 임하는 모습에서도 니체가 한 말의 의미를 절감할 수 있습니다.

하지만 우리 삶에는 살아야 할 이유를 알 수 없게 만드는 크고 작은 유혹이 찾아옵니다. 거기에는 사회적인 유혹도 심리적인 유혹도 종교적인 유혹도 있을 겁니다. 고대의 영성사가들은 유혹이나 사람의 마음에도 하늘의 층처럼 각각의 공간이 있다고 생각했고, 기도와 영적인 성장을 각 공간이나 방을 통과하는 것으로 묘사했는데요. 이때 유혹의 공간은 우리에게 왜 '자기'라는 가치를 상대화해서 봐야만 하는지를 역설적으로 강조합니다. 예수 또한 자신에게 찾아온 고난의 의미를 알고 있고 받아들이면서도 눈앞의 수난을 피하고 싶은 마음과 마주합니다. 그는 수난 전 겟세마니에서 얼굴을 땅에 대고 기도하며 "아버지, 하실 수만 있으면 이 잔이 저를 비켜 가게 해주십시오."(마태 26, 39)라고 절규하지요.

저는 그와 같은 예수의 모습에서, 그가 인간처럼 "이 일이 다 이루어질 때까지 내가 얼마나 짓눌릴 것인가?"(루카 12, 50)하고 탄식하는 모습에서 예수가 인간의 사정을 누구보다 잘 아는 분이라는 사실을 봅니다. 그리고 그 사실이 한낱 인간인 저에게 위로가 됩니다. **그도 나처럼** 번뇌하고 방황하고 힘들어한다는 점에서 용기를 얻습니다. 그뿐만 아니라 예수도 우리처럼 약한 모습을 보이지만 약함을 대하는 태도가 달라서 저는 그가 좋습니다.

예수는 끝내 이렇게 기도합니다.

> 그러나 제가 원하는 대로 하지 마시고 아버지께서 원하시는 대로 하십시오. (마태 26, 39)

아마도 이것이 그와 저의 차이일 겁니다. 예수는 본인의 뜻이 아닌 '아버지(하느님)의 뜻대로 하소서'라고 기도하고 실제로도 자기를 내려놓습니다. 그러나 보잘것없는 인간인 저는 제 뜻을 쉽게 내려놓지 못합니다. 그 차이로 인해 제 침묵은 고요하지 않고, 제 안에서 하느님의 말씀도 고요하지 않게 됩니다. 아마도 사람들 대부분이 저와 비슷하지 않을까 합니다.

이때 한 가지를 더 생각해봅니다. 우리는 위와 같은 이유로 인해 마음은 평화로울 수 없는데 그 때문에 거짓 평화를 갈망하게 된다는 점입니다. 우리는 종교 생활을 하며, 성경 혹은 경전을 읽으며 마음의 평화를 얻길 기대하는 경향이 있습니다. 하지만 실제로는 말씀을 제대로 만나고 그 말씀에 눈이 열리면 처음에는 감격스럽지만 그 감동이 지나간 후에는 평화가 아닌 '고요하지 않은 침묵'의 시간을 보내게 됩니다. 이것이 진짜 평화로 나아가는 첫 단계입니다.

이는 물론 쉬운 일이 아닙니다. 자기를 들여다보고 마주하는 시간은 어두운 밤을 보내는 것과 같고, 그 시간을 인내하고 자기 내면을 계속 들여다보는 일은 몹시 아프고 고통스럽기 때문입니다. 그래서 많은 사람이 그 어둠을 서둘러 외면한 채 술과 수다, 취미 같은 것으로 그 고통을 덮어버리고 들여다보려 하지 않습니다. 이때 느끼는 마음의 갈등 없음이 바로 거짓 평화입니다. 우리는 진정한 평화와 거짓 평화를 구분할 수 있어야 하고, 진짜 평화로 이르는 길이 절대 쉽지 않다는 것을 받아들여야 합니다.

이제 다시 그의 말을 생각해봅니다.

> 내가 세상에 평화를 주러 왔다고 생각하느냐? 아니다.
> 내가 너희에게 말한다. 오히려 분열을 일으키러 왔다.
>
> (루카 12, 51)

예루살렘에 위치한 만국 교회(겟세마니 교회). 겟세마니 동산에서 예수가 체포되기 전
고뇌와 기도의 밤을 보낸 곳으로 알려진 장소를 기념하여 세워진 교회이다. 기도 자리
로 추정되는 바위를 중심으로 비잔틴 시대에 A.D. 379년 교회가 최초로 세워졌다.

05

내 마음이
너무 괴로워 죽을 지경이다.

Tristis est anima mea usque ad mortem.

트리스티스 에스트 아니마 메아 우스퀘 아드 모르템.

― 마태 26, 38

아무런 미래가 보이지 않던 시절, 무언가 잡힐 것 같은데 잡히지 않고 방황을 거듭하며 좌절의 언저리를 맴돌고 있을 때 제 마음은 몹시 괴로웠습니다. 그런 저에게 "내 마음이 너무 괴로워 죽을 지경이다"라는 이 성경 구절은 참 많은 위로가 되었습니다. 그도 나처럼 '죽도록ad mortem' 괴롭고 아팠구나 하는 사실이, 이 문장이 수많은 시간 저를 위로해주었지요.

가벼운 근심은 말을 하지만, 극심한 근심은 말이 없다.[*]

Curae leves loquuntur, ingentes stupent.

쿠래 레베스 로쿠운투르, 인젠테스 스투펜트.

— 세네카, 『파이드라Phaedra』, 607

너무 아프면 아무런 말을 할 수가 없고 누구와도 이야기하고 싶지 않을 때가 있습니다. 저도 사제직을 그만두겠다고 결정할 때 그와 같았습니다. 그 당시 저는 이 결정에 대해 거의 누구와도 상의하지 않았는데, 그때는 이 일을 두고 누군가와 상의하는 것이 무의미하다고 느꼈기 때문입니다. 그때 저와 가깝게 지냈던 분들은 서운했을지도 모르겠습니다.

사제는 가톨릭교회라는 큰 조직에 속해 있는 사람으로, 교회의 지시 없이 스스로 자기 직무를 만들 수 없고, 제 직분을 다할 수 없습니다. 간단히 말하자면 저는 회사에 소속은 되어 있으나 오랜 시간 대기 발령 상태였던 것과 같았습니다. 어느 순간 잘못 꿰진 단추가 재정비되지 못한 채로 오랜 시간 흘러온 겁니다. 그리고 그동안 제가 할 수 있는 일이 공부뿐이고

---

[*] 미셸 드 몽테뉴, 심민화, 최권행 옮김, 「2장 슬픔에 관하여」, 『에세 1』, 민음사, 2022, 50쪽에서 몽테뉴도 인용함.

글을 쓰는 일이어서 했던 일들이 뜻하지 않은 곳에 제 자리를 만들어주었지요. 결국 시간이 흐르며 가톨릭교회의 사제보다 세속의 작가라는 정체성이 더 커진 겁니다. 그 시간 속에서 "내 마음이 너무 괴로워 죽을 지경이다"라는 성경 구절은 예수를 보는 또 다른 시각을 제게 열어주었습니다. 저를 위로해주었던 것은 예수가 위대한 신이어서도, 보통의 인간이 범접할 수 없는 인물이어서도 아니었습니다.

신학교 2학년 때 마태오, 마르코, 루카복음 세 권을 통칭한 '공관복음'이라는 과목의 기말고사를 준비할 때였습니다. 어떤 성경 구절에 대한 주석 문제가 나올까 노심초사하며 성경의 여러 구절에 담긴 신학과 사상을 달달 암기하고 있었습니다. 시험장에 앉아 조마조마하고 있을 때, 교수 신부님이 칠판에 마르코복음 1장 1절, "하느님의 아들 예수 그리스도의 복음의 시작"이라는 문제를 내셨습니다. 동사 없이 정교하게 구성된 이 문장은 해당 복음서 전체를 아우르는 제목과 같습니다. 지금이라면 이 구절이 얼마나 중요한지를 알지만 그때는 잘 몰라서 시험을 완전히 망쳤던 기억이 납니다.

마태오, 마르코, 루카 각 복음서의 1장 1절은 그 복음서가 어떤 의도를 가지고 이야기를 전개해나갈지에 대한 상징과도 같은 중요한 문장입니다. 마태오복음 1장 1절에는 "다윗의 자손이시며 아브라함의 자손이신 예수 그리스도의 족보"가 나옵니다. 젊은 시절 사제로 있었을 때는 이 구절의 시작을 당연한 것으로 받아들였습니다만, 어느 날은 이런 생각이 들더군요. 예수라는 인물의 집안이 얼마나 보잘것없으면 신자들에게 전하는 복음서의 첫 시작에 그분 가계의 정통성을 주장하는 내용을 두어야 했을까, 하고요.

사실 고향 '나자렛에서 무시당한 이야기'(마태 13, 54-57; 마르 6, 1-6; 루카 4, 16-30)를 보면 예수는 줄곧 동족으로부터 무시와 업신여김을 당합니다. 이 이야기를 가만히 곱씹어보니 예수가 말한 참 행복의 의미가 무엇인지 조금은 알 것만 같았습니다.(마태 5, 1-12; 루카 6, 20-26)

행복하여라, 가난한 사람들!

불행하여라, 너희 부유한 사람들!

행복하여라, 지금 굶주리는 사람들!

불행하여라, 너희 지금 배부른 사람들!

행복하여라, 지금 우는 사람들!

불행하여라, 지금 웃는 사람들!

그리고 예수도 나처럼 아파하고 괴로워했다는 것, 이 보잘것없는 인물이 나를 위로하고 있다는 것을 어느 순간 알게 되었습니다. 나아가 **그의 위대함은** 보잘것없음을 보잘것없는 것으로 끝낸 데 있지 않다는 것도 생각하게 되었지요. 그의 위대함은 엄청난 권세와 영화 속에서 사람들을 내려다보는 데 있지 않고, **보잘것없는 것 가운데서 보잘것없는 사람의 모습으로 우리에게 다가와 나의 삶이, 너의 삶이 보잘것없지 않다고 말하고 가르친 데 있었습니다.**

06

내 영혼이 주님을 찬송하고
내 마음이 나의 구원자 하느님 안에서
기뻐 뛰니.

Magnificat anima mea Dominum,
et exsultavit spiritus meus in Deo salutari meo.

마니피카트 아니마 메아 도미눔,
에트 엑술타비트 스피리투스 메우스 인 데오 살루타리 메오.

— 루카 1, 46-47

내 영혼이 주님을 찬송하니

Magnificat anima mea Domium

마니피카트 아니마 메아 도미눔

마음이 몹시 힘든 사람이 '거룩함'을 체험하게 되면, 그에게
서 나올 수 있는 최고의 찬미는 아마도 "마니피카트 아니마
메아 도미눔"일 것입니다. **라틴어 성경 구절 가운데 이 구절
은 외워두어도 좋겠습니다.** 루카복음의 특수 사료에 속하는

이 노래의 제목은 〈마니피카트〉로, 예로니모의 '불가타Vulgata'라고 부르는 대중 라틴어 성경의 첫 번째 단어가 '마니피카트magnificat'로 시작하는 데서 비롯되었는데요. 이 '마니피카트'는 '찬미하다'를 의미하는 라틴어 동사 '마니피카레magnificare'의 3인칭 단수형입니다.

이 노래는 한 개인이 하느님께 드리는 감사로 시작하는 기도입니다. 저는 이 찬미 기도를 열일곱 살에 처음 들었습니다. 사제가 되고 싶다는 마음만 있을 뿐, 아직 교구 사제가 무엇이고 수도회 사제가 무엇인지도 모르던 시절, 얼떨결에 한 수도원의 저녁 기도에 참석했다가 이 찬미가를 듣고 마음속 깊이 반했던 기억이 납니다. 아마도 그 당시 제가 사제가 되겠다고 결심하게 된 배경에는 분명히 그 수도원에서 들었던 이 찬미가가 크게 작용했던 것도 있을 겁니다.

어쨌든 일명 〈마니피카트〉라고 부르는 이 찬미가는 그레고리오 성가로도 아름답게 들을 수 있는데, 개인적으로 1999년 프랑스 테제 공동체에서 들었던 〈마니피카트〉를 잊을 수 없습니다. 공동체의 저녁 기도 시간에 전 세계에서 모인 사람들과 함께 바쳤던 그 찬미가는 "전능하신 분이 나에게 큰일을 하셨음"(루카 1, 49)을 느낄 만큼 제게 감동을 주었습니다.

그리고 그때로부터 20여 년이 흘러 2021년 9월 9일 저녁,

제 집의 기도방에서 저녁 성무일도(기도)를 바치며 마지막으로 〈마니피카트〉를 불렀습니다. 그리고 공부방으로 돌아와 교구로 보내는 아주 짧은 편지 한 통을 썼습니다.

"나는 자유의지로 나의 사제 신분을 내려놓음을 선언합니다."

Declarat se relinquere sacerdotalem statum suum libera cum voluntate.

데클라라트 세 렐린퀘레 사체르도탈렘 스타툼 수움 리베라 쿰 볼룬타테.

편지 속 이 문장의 상단에는 저에 관한 간단한 신상 정보가 있기에 이 라틴어 문장은 3인칭으로 작성했지만 우리말로 번역하면 1인칭으로 옮기게 됩니다. 이렇게 쓴 편지를 출력해서 서명하고 우편 봉투에 넣어 봉인했습니다. 그리고 다음 날 우체국으로 향했습니다. 집에서 우체국까지는 차로 10분도 채 안 걸리는 아주 짧은 거리인데, 가는 동안 망설이는 제 마음을 보았습니다. 엄청난 두려움도 밀려왔습니다. 이 편지를 보내지 말까 하는 생각도 들었습니다. 우체국 앞에 도착해서도 들어갈까 말까를 고민했고, 문을 열고 들어가서도 크게 심

호흡을 한 뒤에 우체국 직원에게 편지를 건넸습니다.

그런데 집으로 돌아오는 내내 "야훼께서 주셨던 것, 야훼께서 도로 가져가시니 다만 야훼의 이름을 찬양할지라Dominus dedit Dominus abstulit sit nomen Domini benedictum. 도미누스 데디트 도미누스 압스툴리트 시트 노멘 도미니 베네딕툼."(『공동번역』, 욥 1, 21)라는 읊조림이 입에서 흘러 나왔습니다. "나의 나날은 한낱 입김일 따름입니다. 사람이 무엇인데, 당신께서는 그를 대단히 여기십니까? 어찌하여 그에게 신경을 쓰십니까?"(『공동번역』, 욥 7, 16-17) 하는 성경 구절도 입에서 툭 튀어나왔습니다. 그 짧은 시간에 보잘것없고 비천했던 한 인간을 이렇게까지 만들어주신 하느님을 찬미하는 기도가 흘러나왔어요.

내 영혼이 주님을 찬송하고 내 마음이 나의 구원자 하느님 안에서 기뻐 뛰니 (루카 1, 46-47)

일명 '마리아의 노래'라고 부르는 〈마니피카트〉 역시 처녀의 몸으로 아이를 가진 마리아로서는 찬미할 수 없는 순간에 그의 입에서 흘러나온 찬송입니다. **놀랍게도 찬미할 수 없는 순간에 찬미의 기도가 흘러나온 것이지요.** 이것을 '신앙의 신비mysterium fidei, 미스테리움 피데이'라고 해야 할까요? 하고 싶지 않

〈엘리사벳을 방문한 마리아〉, 도메니코 기를란다요, 패널에 템페라, 172×167cm,
1491, 루브르 박물관

은 표현이지만 분명하게 깨닫게 되는 것은 그분의 시간과 저의 시간이 다름을 알기에, 저 역시 찬미할 수 없는 순간에 찬미하게 되었다는 점입니다. 그때 저는 제 안에 매어야 하는 것과 풀어야 할 것을 보았습니다. 진정 찬미하는 마음이 되려면 제 안에 매어야 할 것과 풀어야 할 것이 있고, 그것을 알아보고 인정할 수 있어야 했습니다. 그 사실을 그때야 알게 된 것입니다.

여러분은 어떻습니까? 찬미할 수 없는 순간, 찬미의 기도를, 감사의 기도를 떠올려보신 적이 있나요? 그때 여러분은 자신의 마음에서 무엇을 발견하였나요?

07

인생은
산 햇수로 재는 것이 아니다.

Neque numero annorum conputata.

네퀘 누메로 안노룸 콘푸타타.

— 『공동번역』, 지혜 4, 8

기원전 2~1세기 사이에 저술된, 구약성경의 신명기계[*] 마지
막 작품으로 추정되는 지혜서가 쓰여질 당시에도 오늘날 자
조적 어법으로 떠도는 '애쓰지 말고 열심히 살지 말자'와 같

---

* 　신명기계 학파는 고대 자료를 모아 작업하면서 신명기를 서언으로 여호수아기,
판관기, 사무엘기 상하권, 열왕기 상하권을 구성하여 가나안 땅에서의 이스라엘 역
사의 전 여정을 보여준다. 신명기계 학파의 출발은 이스라엘의 북 왕국, 곧 사마리아
지도자들의 정치적 혼합주의에도 불구하고 하느님의 유일신 사상에 충실하며 성소
를 지키던 레위인들의 배경에 그 기반을 둔다. (편집주간 P. 로싸노, G. 라바시, A.지를란
다, '신명기', 『새로운 성경신학사전 2』, 바오로딸, 2011, 1337쪽 참조)

은 주장이 있었음을 볼 수 있습니다. 성경은 이렇게 묘사합니다.

> 우리의 삶은 짧고 슬프다. (…)
> 우리의 한평생은 지나가는 그림자이고
> 우리의 죽음에는 돌아올 길이 없다. (…)
> 자 그러니, 앞에 있는 좋은 것들을 즐기고
> 젊을 때처럼 이 세상 것들을 실컷 쓰자. (…)
> 이것도 우리의 몫이고 저것도 우리의 차지니
> 어디에나 우리가 즐긴 표를 남기자. (지혜 2, 1-9)

중세 시대 학생들 역시 구약성경의 이사야서 22장 13절, "기뻐하고 즐거워하며 소를 잡고 양을 죽여 고기를 먹고 술을 마시면서 '내일이면 죽을 몸, 먹고 마시자' 하는구나"를 인용해 "내일이면 죽을 몸, 실컷 먹고 마시자Comedamus et bibamus, cras enim moriemur. 코메다무스 에트 비바무스, 크라스 에님 모리에무르"라고 말하기도 했습니다.[*] 한편 이 세상에서 의인은 오래 살고 악인은 단명하기를 바라지만 그렇지 않은 현실의 모순에 성경은 이렇

---

[*] 한동일, 『한동일의 공부법 수업』, 흐름출판, 2023, 122쪽 참조.

게 답합니다. 희망 없는 사회, 부조리한 현실에서 인생은 살아온 햇수로 셈할 수 없는 어떤 가치가 있다고요.

> 의인은, 제 명을 다하지 못하고 죽더라도, 안식을 얻는다.
> 노인은 오래 살았다고 해서 영예를 누리는 것이 아니며
> 인생은 산 햇수로 재는 것이 아니다. (『공동번역』, 지혜 4, 7-8)

이 책을 비롯해 저의 다른 책이나 인터뷰에서 몇 번 이야기했었지만, 어린 시절 제 가정 형편은 여유롭지 못했고 따뜻한 환경도 아니었습니다. 그 시절에 빅터 프랭클의 『죽음의 수용소에서』를 읽으며 제 집이 마치 수용소처럼 느껴졌을 만큼요. 집을 탈출하는 가장 빠른 방법은 어른이 되는 길뿐이었고요. 그것은 더 나은 내 삶을 위해, 늘 머리 아프게 하는 가족에게서 떠나고 싶다는 단순한 마음이었습니다.

그런데 그때 이런 물음이 저를 찾아왔습니다. 나는 정말 간절하게 탈출하고 싶은가? 아니면 싫어하면서도 이 환경에 익숙해져서 누군가의 싫은 모습을 닮아가며 사는 것은 아닌가? 실제로 어느 순간 그토록 싫어하는 누군가를 따라 하는 저 자신을 보기도 했고, 한편으로는 그냥 막살아버릴까 하는 마음의 움직임도 보았습니다. 그러나 다른 한편으로는 '그렇

게 살아서 삶이 더 나아지겠느냐?'라는 물음이 제 마음을 무겁게 눌렀습니다. 그때 또다시 하느님의 말씀이 제 마음속에 자리 잡고 있다는 것을 깨달았습니다.

사람은 누구나 풍부한 지식을 원하고 저 역시 마찬가지였습니다. 그래서 저는 어떻게 하면 지식과 지혜를 내 집으로 데려올 수 있을까 고민하며 사방으로 찾아다녔습니다. 어른이 되기 전, 집을 떠날 수 없는 나이에 제가 수용소에 있다고 느끼지 않도록 내 내면과 머릿속을 지혜와 지식으로 가득 채우려고 했던 겁니다. 그것이 절박한 공부와 독서로 이어졌다고 생각합니다.

희망할 수 없는 현실이 막살아도 된다는 것을 의미하지 않습니다. 막살지 않아야 희망에 이를 수 있습니다. 그래서 인생은 산 햇수로 재는 것이 아님을 스스로 증명해야 하는 것일지도 모릅니다. 그 증명이 곧 내 삶이 될 것입니다. 다시 한번 말하지만 **인생은 산 햇수로 평가받지 않습니다.**

삶이 유익했는지 아닌지는 기간에 달린 것이 아니라

삶을 어떻게 썼느냐에 달렸다.

어떤 자는 오래 살고도 조금 살았다.

— 미셸 드 몽테뉴, 『에세 1』, 186쪽

08

내가 너에게 말한다.
일곱 번이 아니라
일흔일곱 번까지라도 용서해야 한다.

Non dico tibi usque septies, sed usque septuagies septies.
논 디코 티비 우스퀘 셉티에스, 세드 우스퀘 셉투아지에스 셉티에스.
— 마태 18, 22

성경에서 용서에 관한 주제는 매우 중요하기 때문에 예수는 베드로의 질문, "주님, 제 형제가 저에게 죄를 지으면 몇 번이나 용서해주어야 합니까?"(마태 18, 21)에 답하는 형식으로 용서에 관해 설명합니다. 이때 예수가 답한 "일곱 번이 아니라 일흔일곱 번까지라도 용서해야 한다"라는 마태복음 18장 22절의 구절은 다시 집회서 28장 2-7절을 떠올리게 합니다.

네 이웃의 불의를 용서하여라.

그러면 네가 간청할 때 네 죄도 없어지리라.

인간이 인간에게 화를 품고서

주님께 치유를 구할 수 있겠느냐?

인간이 같은 인간에게 자비를 품지 않으면서

자기 죄의 용서를 청할 수 있겠느냐?

죽을 몸으로 태어난 인간이 분노를 품고 있으면

누가 그의 죄를 사해줄 수 있겠느냐?

종말을 생각하고 적개심을 버려라.

파멸과 죽음을 생각하고 계명에 충실하여라.

계명을 기억하고 이웃에게 분노하지 마라.

한편 베드로의 "주님, 제 형제가 저에게 죄를 지으면 몇 번이나 용서해주어야 합니까?"라는 이 질문을 "주님, 제가 저 자신에게 죄를 지으면 몇 번이나 용서해주어야 합니까?"라는 물음으로 바꾸어 생각해보게 됩니다. 즉 용서해야 할 대상이 형제나 남과 같은 '타자'가 아니라 '나 자신'이 될 때, 나는 나 자신을 몇 번이나 용서해야 할까요? 물론 이 말은 사회적 범죄에 대한 '셀프 사면'을 의미하지 않습니다.

인간이 인간에게 화를 품지 않으려면, 인간이 인간에게 자비를 품으려면, 인간이 인간을 용서하려면 수없이 많은 순간 내 안에 있는 분노와 화를 덜어내지 않고서는 가능하지 않습니다. 그것은 대상이 나 자신일 때도 마찬가지이고, 실패하고 무너지는 자기 자신을 어떻게 마주할 것인가에 달려 있습니다.

제게는 무척이나 힘든 사람이 한 명 있었습니다. 그를 위해 10년 넘게 간절히 기도했지만 그의 행동은 제가 이해할 수 없고 받아들일 수 없는 방식으로 점점 더 퇴행했고, 그로 인해 제 마음은 늘 괴로웠지요. 제 안에 일어나는 화는 그 사람 때문만이 아니라 그를 원망하고 미워하는 저 자신을 향한 것이기도 했으니까요. 나아지지 않는 관계 속에서 저는 끊임없이 무너져야 했습니다. 둘 중 누가 한 명이 죽기 전에는 이 괴로움이 끝나지 않을 것 같다는 생각마저 들기까지 했어요.

그런데 어느 날 갑자기 그 사람을 바라보는 제 마음이 달라졌음을 느꼈습니다. 그 사람이 무척이나 힘들고 괴로운 존재가 아니라 **나의 '복'**이라고 생각되었어요. 10년 가까이 그 사람이 변화하기를 기도했는데, 정작 변한 것은 그 사람이 아니라 그를 바라보는 제 마음이었습니다. 그 이후부터는 그를 만나야 할 때 **복을 만나러 가고 복을 찾으러 간다**고 생각하게 되었습니다. 무엇보다 저 자신에 대해서도 더는 날을 세우지 않게 되었지요. 나의 약한 마음을 들여다보고 다독이게도 되었습니다.

살다 보면 '여기까지만'이라고 생각하게 되는, 숨이 턱까지 차오르는 일들이 참 많습니다. 용서 역시 그런 일인지도 모르겠습니다. 나약한 타인을, 약하고 못난 나 자신을 이해하고 참는 것은 **'여기까지만'**이라고 외치는 일을 일곱 번이 아니라 일흔일곱 번까지 할 수 있다고, 즉 포기하지 않겠다고 **내 마음을 다하고 내 목숨을 다하고 내 정신을 다하여** 다짐하는 것일지도 모르겠습니다. 신앙인의 언어로 말하면, 그것은 그리스도의 힘이 나에게 머물 수 있도록 더없이 나의 약점을 보듬고 사랑하는 태도일 것입니다.

나는 그리스도를 위해서라면 약함도 모욕도 재난도 박해도 역경도 달갑게 여깁니다. 내가 약할 때에 오히려 강하기 때문입니다. (2코린 12, 10)

<u>09</u>

누구든지 가진 자는 더 받아 넉넉해지고,
가진 것이 없는 자는 가진 것마저 빼앗길 것이다.

Omni enim habenti dabitur, et abundabit;
ei autem qui non habet,
et quod videtur habere auferetur ab eo.

옴니 에님 하벤티 다비투르, 에트 아분다비트;
에이 아우템 퀴 논 하베트,
에트 쿼드 비데투르 하베레 아우페레투르 압 에오.

— 마태 25, 29

초등학교 1학년 때 피아노를 너무 배우고 싶었지만 어려운 가정 형편상 학원에 다닐 수 없어서 유리창 밖에서 학원 안을 빼꼼히 들여다본 적이 있습니다. 그리고 얼마 후에 문방구에 가서 종이로 만든 피아노 건반을 샀지요. 종이 피아노 건반에 작은 손가락을 올려놓았을 때 밀려온 떨림이 아직도 기억납니다. 그것은 도서관에 들어가 책 냄새를 맡을 때의 흥분과는 다른 떨림이었어요. 그런데 정말 궁금했습니다. 피아노 소리가요. 종이로 만들어진 피아노 건반은 손가락을 아무리 움직여도 소리를 들려주지 않았으니까요.

성경 말씀이 꼭 그랬던 적이 있습니다. 세례를 받고 얼마 지나지 않은 시기, 신학교에서 신학을 배우던 시절에 접한 성경 말씀은 마치 부지런히 손가락을 움직여도 소리가 나지 않았던 종이 건반처럼 아무 소리도 울림도 없는 그저 두꺼운 책과 같이 느껴졌습니다. 그렇게 아무 감흥 없이 다가왔던 성경 말씀 중 하나가 바로 '탈렌트의 비유'였습니다. 그 이야기는 이렇게 시작됩니다.

> 하늘나라는 어떤 사람이 여행을 떠나면서 종들을 불러 재산을 맡기는 것과 같다. 그는 각자의 능력에 따라 한 사람에게는 다섯 탈렌트, 다른 사람에게는 두 탈렌트, 또 다른 사람에게는 한 탈렌트를 주고 여행을 떠났다. 다섯 탈렌트를 받은 이는 곧 가서 그 돈을 활용하여 다섯 탈렌트를 더 벌었다. 두 탈렌트를 받은 이도 그렇게 하여 두 탈렌트를 더 벌었다. 그러나 한 탈렌트를 받은 이는 물러가서 땅을 파고 주인의 그 돈을 숨겼다. (마태 25, 14-18)

주인은 나중에 돌아와 이들과 셈을 합니다. 다섯 탈렌트를 더 번 사람과 두 탈렌트를 더 번 사람은 크게 칭찬하지만 한 탈렌트 그대로 돌려준 사람에게는 "악하고 게으른 종"이라고 하며 크게 화를 냅니다. 차라리 고리대금업자에게 맡겼더라면 이자라도 붙여 돌려받았을 것 아니냐고도 하지요. 심지어 "누구든지 가진 자는 더 받아 넉넉해지고 가진 것이 없는 자는 가진 것마저 빼앗길 것"이라고 말합니다. 저는 우선 이 이야기에서 한 탈렌트의 가치가 얼마인지 가늠이 되지 않았습니다. 그리고 고작 한 탈렌트를 가지고 주인이 유세를 떠는 것 같다는 생각이 들기도 했습니다.

성경은 해석이 필요한 책입니다. 위 말씀에 등장하는 비유는 루카복음의 '열 미나의 비유'(루카 19, 12-27 참조)와 유사한데, 성경 속 많은 이야기에는 다양한 도량형이 언급됩니다. 성경의 이야기들은 매우 광범위한 시대를 배경으로 하고 있어서 성경에 언급되는 도량형들이 오늘날 기준으로 어느 정도인지 가늠하기는 매우 어려운데요. 이 가운데 탈렌트는 금이나 은의 무게를 측정할 때 사용하는 단위였고, 시간이 지나면서 값비싼 금속의 가치를 측정하는 데 사용되었다고 합니다. 어떤 시기에는 한 탈렌트가 대략 금 35~40kg 정도의 가치를 지니기도 했는데, 위의 마태오복음 속 이야기에서 말하는 것은 아마도 그보다 적은 금 25~30kg 정도의 무게로 추정됩니다.[*]

그렇다면 한 탈렌트는 오늘날의 화폐 가치로 따져봐도 무척 큰돈임을 알 수 있습니다. 그렇게 한 탈렌트의 가치를 알고 난 뒤, 돈을 준 주인은 겨우 한 탈렌트를 주고 유세를 떨다니 참 쪼잔하구나, 싶었던 생각을 얼른 거두어들여야 했습니다. 소위 무식하면 용감하다고, 무지해서 제 마음대로 생각한 저 자신이 부끄러웠지요.

은행 제도는 아주 오랜 역사를 가지고 있습니다. 수메르와 이집트, 그리스와 로마는 오늘날의 은행과 비슷한 은행 조직을 가지고 있었고, 수표에 대한 지급, 대출, 환전, 이자 수입 등의 일을 했습니다. 이런 배경 속에서 성경은 주인이 맡긴 돈을 고리대금업자에게 맡겨 이자라도 불리지 않고 그대로 땅에 숨겨 놓았다가 다시 원금 그대로 주인에게 돌려준 종을 탓하는데요. 그럼 예수가 이 탈렌트의 비유를 통해 우리에게 말하고자 하는 것은 무엇일까요?

마태오복음 25장 14-30절의 이야기는 탈렌트의 비유를 통해 '인간의 어리석음'을 말합니다. 즉 인간이 지혜를 갖지 못해 빈곤해질 수 있음을 이야기하고 있는 겁니다. 물론 여기

---

* 염철호 편역, 『길 진리 생명 해설 성경 신약편』, 성바오로출판사, 2020, 125-126; 1022-1024쪽 참조.

에서 말하는 빈곤은 사회적, 구조적인 이유로 인한 빈곤이 아닙니다. 인간이 자신의 어리석음에 의해서도 빈곤해질 수 있음을 지적하는 것이지요. 즉 **가난해질 수밖에 없는 사고에 대한 경각**警覺입니다. 그래서 빈곤과 가난의 반대는 풍요와 부유함이 아니라 '지혜'*라고 성경은 역설합니다.

인간은 지혜에 의해 충만해질 수 있으며, 부유는 그 지혜를 아는 데서 시작한다고 말합니다. 지혜가 있는 사람은 더 풍요로워지고 지혜롭지 못한 사람은 그나마 가진 것도 모두 잃고 가난해질 수 있다는 의미입니다. 그렇다면 지혜는 어디에서 오는 것일까요?

> 지혜의 시작은 가르침을 받으려는 진실한 소망이다.
>
> (지혜 6, 17)

저는 제가 가진 재능을 일찍 발견하는 엄청난 행운이 있었

---

* 지혜는 라틴어로 '맛보다, 감지하다, 이해하다, 음미하다'라는 의미의 동사 '사피오(sapio)'에서 파생된 명사 '사피엔티아(sapientia, 지혜)', '사피엔스(sapiens, 지혜로운 사람)'에서 유래한다. '사피엔티아'와 '사피엔스'는 '불가타 성경'에서 사용된 용어로 이 단어들은 '칠십인역 성경'과 신약성경에 사용된 그리스어 '소피아(σοφία)'와 '소포스(σοφός)'를 번역한 것인데, 이 용어의 그리스어 어원은 알려지지 않았다. (P. 로싸노, G. 라바시, A. 지를란다, 『새로운 성경 신학사전』, 바오로딸, 2011, 2136쪽 참조)

지만 그 재능을 꽃피우는 데는 아주 오랜 시간이 걸렸습니다. 재능을 일찍 발견하고 일찍 꽃피우는 사람도 있지만 대부분은 저와 같지 않을까 생각합니다. 재능과 지혜는 별개의 것입니다. 지혜가 쌓이는 절대적 시간이나 조건이라는 것은 없겠지만, 긴 시간이 필요할 수 있다는 현실을 인식하는 데서, 조급해하지 않고 끊임없이 배우고 쌓고자 하는 태도에서 지혜는 자라기 시작할 것입니다.

10

그날과 그 시간은 아무도 모른다.
하늘의 천사들도 아들도 모르고
오로지 아버지만 아신다.

De die autem illa et hora nemo scit,
neque angeli caelorum, nisi solus Pater.

데 디에 아우템 일라 에트 호라 네모 쉬트,
네퀘 알첼리 챌로룸, 니시 솔루스 파테르.

— 마태 24, 36

10대 시절에 성경 전권을 읽으면서 가장 이해가 되지 않는 부분은 구약성경의 예언서 중 하나인 에제키엘서였습니다. 에제키엘서 1장에는 '에제키엘이 본 환시'에 대한 내용이 나오는데, 그 이야기 속에서 묘사하는 대상이 꼭 현대의 우주선 같은 탈것의 모양처럼 느껴졌습니다. 그래서 실제로 에제키엘이 그런 비행체를 봤지만 당시의 언어로 그렇게밖에 표현할 수 없었던 것은 아닐까 하는 순수한 상상을 했던 적이 있습니다. 그것은 에제키엘이라는 인물이 자기 생각을 엄격한 논리에 따라 전개하는 이성적인 인물이라는 점, 폭넓은 지식의 소유자라는 점(에제 27, 3-11 참조), 훌륭한 신학자이자 유대교에 관한 해박한 지식을 갖춘 인물이라는 점에서 에제키엘서 1장의 내용이 단순한 환시가 아니라 실제로 그가 본 것을 당시의 언어로 진술한 것은 아닐까 생각했던 것이죠. 사실 중세의 철학자 가운데서도 몇몇은 미래 시대에 나타날 기계, 하늘을 나는 비행기, 자동차 등을 묘사할 때 당시의 언어로밖에 설명하지 못했기에 더 그런 상상이 들기도 했습니다. 상상력이 풍부했던 10대 청소년의 생각이었습니다.

그 다음으로 이해 되지 않는 성경 구절은 '그날과 그 시간은 아무도 모른다'라는, 우주 및 인류의 종말 등을 담은 역사의 마지막 운명에 관한 이야기였습니다. 보통 세상의 마지막에 관한 묘사가 담긴 문학을 묵시문학이라고 하는데, 이것은 세상의 마지막보다 '하느님의 진노의 날Dies irae'을 묘사하는 데 핵심이 있는 문학 양식으로, 여기에는 여러 가지 상징이 사용됩니다. 이를테면 해는 어두워지고, 달은 빛을 내지 않으며, 별들은 하늘에서 떨어지고, 지진이 일어나는 것과 같은 일상적이지 않은 초자연적, 초재난적 사건들을 보여주지요.(마태 24, 29 참조) 그리고 이런 이야기들로 공포감이 조성됩니다.

> 그러나 그날과 그 시간은 아무도 모른다. 하늘의 천사들
> 도 아들도 모르고 오로지 아버지만 아신다. (마태 24, 36)

분명 성경의 이 구절은 예수가 친히 하신 말씀일 것입니다. 하지만 성자마저 마지막 날과 시간을 모른다는 점 때문에 이 구절은 기원후 4세기와 5세기에 아리우스파* 사람들이 그랬던 것처럼 그리스도의 신성을 부인하기 위해 사용되기도 했습니다.

어쨌든 이 성경 구절 속 '그날과 그 시간'을 묵시문학이나 그리스도론 등의 복잡한 이론을 배제하고 순수하게 개인 삶의 끝, 한 인간의 죽음의 순간으로 한정해본다면 어떨까요? 천문학계 설명에 따르면 태양도, 태양계도 어느 때가 되면 소멸할 것이라고 하죠. 키케로는 "다가올 일을 알아봐야 아무 쓸모가 없다. 얻는 것도 없이 괴로워한다는 것은 비참한 일이다"**라고 말한 바 있습니다. 끝(종말)의 시간이 인간이 체감

---

* 알렉산드리아의 사제였던 아리우스(Arius, 256?-336)의 사상에서 비롯된 삼위일체론과 관련된 것. 그는 성부만이 진정한 하느님이라고 주장하며 예수 그리스도의 신성과 성령을 부정한다. 이러한 신론을 그의 이름을 따 아리우스주의, 아리우스파라고 한다.

** 미셸 드 몽테뉴, 심민화, 최권행 옮김, 『에세 1』, 「11장 예언에 관하여」, 민음사, 2022, 97쪽 인용.

할 수 없는 시간이라면, 오히려 이를 인간이 체감할 수 있는 '각자의 죽음의 시간'이라고 전환해서 생각해보면 우리 삶은 조금이나마 바뀔 수 있지 않을까요? 저는 제가 세상을 언제 떠나게 될지 알 수 있다고 해도, 남은 삶이 얼마가 되었든 하루하루 그저 후회가 남지 않도록 살고 싶습니다. 물론 후회가 남지 않는 삶, 이것은 그렇지 못한 제 삶에 대한 반어적 표현이기는 합니다.

여러분은 여러분의 마지막 날과 시간을 안다면 남은 삶을 어떻게 살고 싶습니까?

비록 우리가 속된 세상에서 살고 있기는 하지만 속된 싸움을 하고 있는 것은 아닙니다.

In carne enim ambulantes non secundum carnem militamus.

인 카르네 에님 암블란테스 논 세쿤둠 카르넴 밀리타무스.

(『공동번역』, 2코린 10, 3)

레바논 브샤리 지역 카디샤(신성한) 계곡에 위치한 성 엘리사 교회. 카디샤 계곡은 중동에서 가장 오래된 기독교 수도원 공동체가 자리 잡은 곳이다.

11

한 시간도
깨어 있을 수 없더란 말이냐?

Non potuisti una hora vigilare?

논 포투이스티 우나 호라 비질라레?

— 마르 14, 37

한 시간도 깨어 있을 수 없더란 말이냐?

이 구절은 예수가 수난을 앞두고 겟세마니에서 기도하실 때 제자들에게 한 말입니다. 예수는 번민과 고통 가운데 기도하면서도 제자들 걱정에 세 번이나 제자들에게 돌아와 관심을 보이는데 그들은 매번 잠들어 있었습니다. 그래서 베드로에게 "이렇게 너희는 나와 함께 한 시간도 깨어 있을 수 없더란 말이냐?"(마태 26, 40) 하고 다그치시죠. 이 구절을 읽으면 제가 몸담았던 수도회에서 매일 아침 5시부터 한 시간 동안 침묵 가운데 묵상 기도를 바치던 때가 생각납니다. 이 기도가 끝나면 '성무일도'라는 아침기도를 드리고, 그런 다음 미사가 이어졌지요.

어쨌든 오전 5시부터 기도하기 위해서는 새벽 4시 30분에 일어나야 했는데, 20대 초반인 사람에게는 정말 일어나기 힘든 시간이었습니다. 새벽에 일어나야 하는 부담 때문에 잔뜩 긴장하고 잠자리에 들어도 이따금 아침 묵상 기도에 늦거나 참석하지 못할 때가 있었어요. 그럴 때면 정말 괴로웠습니다. 어렵게 일어나 기도 시간에 늦지 않게 들어가서도 머리를 앞으로 쿡, 옆으로 쿡 떨어뜨리며 기도 드릴 때도 많았지요. 머리가 앞으로 쿡할 때는 '예', 옆으로 쿡할 때는 '아니오' 같았으니, 저는 '예, 아니요'라는 기도만 드린 셈이었습니다.

시몬아, 자고 있느냐? 너는 한 시간도 깨어 있을 수 없더란 말이냐? (마르 14, 37)

Simon, dormis? Non potuisti una hora vigilare?

시몬, 도르미스? 논 포투이스티 우나 호라 비질라레?

우리는 종종 고통을 잊기 위해서 뭔가에 몰입하지만, 무엇에든 한 시간 가까이 몰입하고 집중하는 일은 쉽지 않습니다. 저 역시 마찬가지라서 마음은 간절하나 몸이 말을 듣지 않을 때가 있습니다. 생각이 결심이 되는 데 시간이 걸리는 것처럼 몰입도 몰입에 이르기까지의 시간과 훈련이 요구됩니다. 다만 제자들도 그런 노력을 통해 나중에는 스승처럼 하게 되지요. 배움은 분명 힘들지만 꾸준히 노력하면 배우고 습득하게 된다는 것이 희망입니다.

저는 어릴 적 제 가정 형편과 제 상황을 극복하고 싶은 것이 아니라 이기고 싶었습니다. 그 방법으로 책과 공부에 '몰입'하는 것을 택했었고요. 책을 읽고 공부하는 시간만큼은 마치 이어폰의 노이즈 캔슬링 효과에 이를 만큼 몰입하여 현실을 잊을 수 있었으니까요. 심지어 하루가 24시간이 아니라 내가 몰입할 수 있는 한 시간으로 바꿔 생각하기도 했습니다. 그렇게 길러진 집중력과 몰입력은 나중에는 제게 장점이자 단점이 되기도 했지만, 그때의 저에게는 가장 좋은 선택이었다고 생각합니다.

인간은 저마다 자기가 가지지 못한 하나나 그 이상의 결핍으로 목말라하고 괴로워합니다. 내가 나 자신에게 어려움이 될 때, 어떤 결핍으로 고통스러울 때, 그런 나를 위한 몰입의 한 시간을 만들어 가는 것. 그것이 때로는 그 상황을 벗어나는 방법이 될 수 있습니다. 그리고 그 시간이 무엇을 위한 한 시간일지, 그 한 시간을 무엇으로 채울지는 각자의 선택입니다. 또한 이를 위해서는 어떤 것에 대해서는 무뎌져야 하고, 또 어떤 것에 대해서는 예민해져야 합니다. 그뿐만 아니라 그 한 시간 동안 나의 어려움과 결핍을 들여다보면, 내가 이미 가지고 있어 가볍게 여겼던 무엇이 누군가가 간절히 갖고자 목말라 하는 것일 수 있습니다. 한 시간 동안 깨어서 보아야 할 것은 이와 같은 것들일 겁니다.

12

적게 뿌리는 이는 적게 거두어들이고
많이 뿌리는 이는 많이 거두어들입니다.

Qui parce seminat, parce et metet;
et qui seminat in benedictionibus,
debenedictionibus et metet.

퀴 파르체 세미나트, 파르체 에트 메테트:
에트 퀴 세미나트 인 베네딕티오니부스,
데베네딕티오니부스 에트 메테트.

— 2코린 9, 6

지금은 생각한 것을 글로 옮길 때 지체되는 부분 없이 한 번에 쭉 쓰는 것이 대체로 가능하지만 20대 때는 A4 한 장을 채우기가 힘들었습니다. 그나마 겨우 쓴 글도 편안하고 아름다운 우리 말맛이 살아있는, 읽기 좋은 글이 아니라 번역어 투가 두드러진 글이었습니다. 그도 그럴 것이 제 글쓰기의 시작은 신학교에서 공부하면서부터인데, 그때 주로 접했던 글이 번역어 투가 센 글이었기 때문입니다.

　그 당시 교수 신부님들이 유학하며 보던 책들은 대부분 번역본이 없었고, 신학에서부터 법학, 철학에 이르는 과목들을 낯선 언어로 공부하는 것은 어려운 일입니다. 또한 교수님들이 전문 번역가가 아닌 만큼 강의록의 내용 중에는 그 도서들을 직역해 옮긴 것이 많았어요. 사실 외국어로 이해하기 어려운 내용인데, 한글로 그 의미를 정확히 전달하면서도 유려하게 바꾸는 것은 비전문가가 쉽게 할 수 있는 일이 아닙니다. 결국 그 당시 교수님들의 강의록은 번역어 투가 세고 학부생에게는 난해한 경우가 많았습니다. 저 역시 마찬가지였고 배우는 사람으로서 매우 아쉬웠지요. 그런데 어느 순간 보니 저 또한 그 시절 배운 대로 번역어 투의 글을 쓰고 있더라고요. 글쓰기는 시간과 함께 자연스럽게 느는 기술이 아니었습니다.

그런데 유학 당시 학기 중에 시험 통과용으로 공부했던 과목을 방학 때 제대로 공부해보고자 외국어로 된 전공서를 직접 번역해본 적이 있습니다. 제 번역도 투박하고 거칠었지만 이때 정말 깊은 공부가 되었습니다. 오로지 시험 통과에 급급할 때 봤던 것과는 다른 내용을 보고 생각해볼 수 있었지요. 그렇게 공부하면서 이제까지와는 또 다른 풍부한 사고의 힘이 붙는 것을 실감했습니다. 그 이후 제게는 남들과 다른 시간이 주어졌고, 그 시간 동안 끊임없이 공부하며 공부한 것을 글로 풀어내는 일에 집중했습니다.

물론 그사이 현실은 녹록지 않았습니다. 때때로 물을 끓이기 위해 불을 피우려고 아궁이 안에 장작을 계속 집어넣는데, 타라는 장작은 타지 않고 아궁이 입구에서 연기만 뿜어져 나오는 것 같은 기분이었습니다. 매운 연기에 눈을 뜰 수조차 없을 것 같을 때면 속으로 '여기까지만!'이라고 외치곤 했고요. 그렇게 보낸 시간이 길었습니다. 하지만 그 지난한 시간 덕분에 이제는 오래전처럼 A4 한 장 분량을 쓰기 위해 안간힘을 쓰지는 않게 되었습니다. 글쓰기에서도 그 재능과 능력을 꽤 일찍 꽃피운 분들이 많은데 제 꽃은 늦게 핀 셈입니다.

그런데 어느 날 라면을 끓이다 봉지에 있는 조리 설명서에 시선이 머물렀습니다. 면을 몇 분간 끓이라는 안내에 문득 물이 끓는 온도에 대해 생각하게 됐습니다. 물은 끓는점에 도달해야만 끓고, 우리는 그 끓는점을 압니다. 그렇다면 나의 끓는점은 어디인가, 하는 생각이 들더군요. '여기까지만'이라는 생각이 턱밑까지 차올랐을 때, 그때가 내 끓는점에 가까워진 것일까? 아뇨, 돌아보면 그건 아니었습니다. 그런 생각이 들 때쯤은 물이 데워지기 시작할 때, 냄비 바닥에 작은 기포 하나가 솟아오르기 시작할 때쯤일 것 같았습니다. 수많은 '여기까지만'이라는 기포들이 모여 바닥에 붙어 있다가 일제히 수면 위로 터져 오를 때, 그때가 나의 끓는점이라고 생각했어요.

일을 추진하기 위해 무엇인가를 준비하는 것은 좋은 일이지만, 그보다 더 중요한 것은 그 일을 완수하는 성실함과 그 일에 동기 부여가 될 '이상理想'을 견지하는 강인함입니다.* 성실함과 강인함이 나의 끓는점을 만드는 땔감이 될 것입니다.

저는 요즘 새로운 고민 앞에 서 있습니다. 한 분야에서는 어느 정도 끓는점에 가까워진 것 같은데 그 외 다른 많은 부분에서는 미지근하거나 여전히 차가운 저를 봅니다. 가령 제게는 사람들에게 다가가는 일이 처음 A4 한 장 분량의 글을 쓸 때보다 더 큰 어려움으로 느껴집니다. 이제 공부하고 글 쓰는 일이 아닌 다른 영역에서 어떻게 내 온도를 끌어올리고 끓는점에 도달할 것인가를 고민합니다.

사람은 저마다의 끓는점을 몰라서 힘들어하고 아파합니다. 하지만 분명히 여기에 묘책이나 비법이 따로 있는 것 같진 않습니다. 이때 바오로 사도의 말을 기억해봅니다.

> 요점은 이렇습니다. 적게 뿌리는 이는 적게 거두어들이고 많이 뿌리는 이는 많이 거두어들입니다. (2코린 9, 6)

---

* 염철호 편역, 『길 진리 생명 해설 성경 신약편』, 성바오로출판사, 2020, 605쪽 참조.

13

길을 걷느라 지치신 예수님께서는
그 우물가에 앉으셨다.

Iesus ergo fatigatus ex itinere sedebat sic supra fontem.

예수스 에르고 파티가투스 엑스 이티네레 세데바트 식 수프라 폰템.

— 요한 4, 6

이번에 이 성경 묵상을 글로 옮기며 10대 때 처음으로 신·구약 성경을 완독하기 위해 읽었던 오래된 성경을 다시 꺼냈습니다. 그리고 그때 밑줄 친 부분들을 다시 찬찬히 보았습니다. 그 당시 밑줄 쳐두었던 부분들을 보면 그 시절 제 간절한 심정이 곳곳에서 묻어나옵니다. 그중 한 구절은 이것입니다.

주님께서 나를 버리셨다. 나의 주님께서 나를 잊으셨다.

(이사 49, 14)

Dereliquit me Dominus et Dominus oblitus est mei.

데레리퀴트 메 도미누스 에트 도미누스 오블리투스 에스트 메이.

그 어디에도 의지할 곳 없다고 느꼈을 때 저는 저를 둘러싼 문제들이 한 번에 해결되기를 바랐던 적이 참 많았습니다. 그런데 지금까지 그 어떤 문제도 한 번에, 단칼에 해결된 적은 없었습니다. 특히 타인과 관계된 문제이면 더욱 더 그랬습니다. 관계에 의한 문제는 과거나 지금이나, 저나 다른 누구나 다르지 않은 것 같습니다. 그렇게 어떤 문제에 있어 저 자신이 진보와 성장이 전혀 없는 것 같을 때, 제 마음에 들어온 성경 구절은 '길을 걷다가 지친 예수'였으며, 그가 '마음이 북받쳐 눈물을 흘리는 모습'(요한 11, 28-37)이었습니다.

그도 나처럼.

Etiam is sicut me.

에티암 이스 시쿠트 메.

그때도 지금도 저는 예수의 영웅적인 행위와 기적의 일화에서 위로받는 것이 아니라, '**그도 나처럼**' 길을 걷다 지치기도 하고 마음이 북받치면 눈물을 흘리기도 한다는 것, 고통과 괴로움에도 불구하고 "오늘도 내일도 그다음 날도 내 길을 계속 가야 한다."(루카 13, 33)라고 말씀하시는 데서 위로와 용기를 얻습니다.

> 길을 많이 걸어 지쳤으면서도 "헛수고야" 하고 너는 말하지 않았다. (이사 57, 10)*

고통이 출렁이는 이 지상에서 흔들리는 내 마음속에 자유로운 바람의 노래가 들어와 춤출 때, 나는 더 이상 목마르지 않을 것입니다.** 아니, 목마르지 않기를 희망합니다.

---

* "신들을 찾아 나선 여행길이 고되어서 지쳤으면서도, 너는 '헛수고'라고 말하지 않는구나." (새번역성경, 이사야 57장 10절)
** 알제리 아인세프라에서 온 친구 김상범의 시 〈나는 더 이상 목마르지 않다 2!〉의 일부 인용.

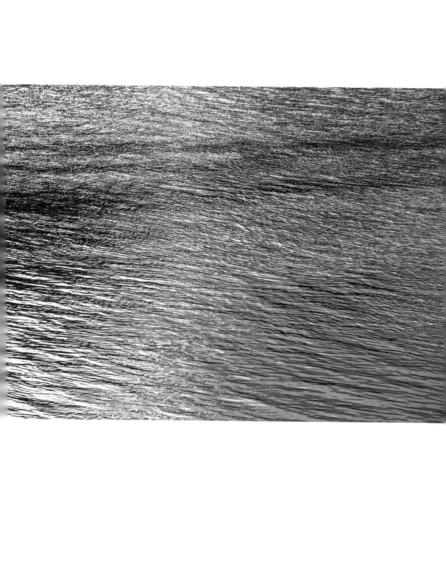

<u>14</u>

주님, 저는 주님을
제 지붕 아래로 모실 자격이 없습니다.

Domine, non sum dignus ut intres sub tectum meum.

도미네, 논 숨 디뉴스 우트 인트레스 숩 텍툼 메움.

— 마태 8, 8

낮 동안은 스스로가 천재라고 생각해야 하지만(161쪽 내용 참조) 잠자리에 들기 전에는 그렇지 않은 솔직한 자기 모습을 보아야 합니다. 그런데 이러한 '봄'에는 여러 가지 생각과 마음의 걸림이 솟아오릅니다. 그중 가장 많은 문제는 아무리 잊고 생각하지 않으려고 해도 과거의 어떤 순간, 어떤 일이 떠오르며 나를 괴롭히는 일일 겁니다. 마르코복음 11장 25절은 "너희가 서서 기도할 때에 누군가에게 반감을 품고 있거든 용서하여라"라고 말합니다. 그런데 이때 반감의 대상은 이 사람이

기도 저 사람이기도 하지만 가만히 들여다보면 그 누군가가 타인이 아닌 바로 나 자신일 때가 많습니다.

이때 우리에게 필요한 것은 어쩔 수 없고 그럴 수밖에 없었다는 자기 합리화가 아닌, 자기 내면 그대로의 모습을 받아들이는 마음입니다. 그 마음은 '백인대장의 병든 종을 고치시다'(마태 8, 5-13; 루카 7, 1-10; 요한 4, 43-54)라는 이야기 속에서 백인대장이 "주님, 저는 주님을 제 지붕 아래로 모실 자격이 없습니다. 그저 한 말씀만 해주십시오. 그러면 제 종이 나을 것입니다"(마태 8, 8)라고 말한 심정과 같을 것입니다.

> 하느님, 내 제물은 찢어진 마음뿐,
> 찢어지고 터진 마음을 당신께서 얕보지 아니하시니
> (『공동번역』, 시편 51, 17)*

찢어지고 터진 마음을 얕보지 않는 하느님에게 내 마음을 의탁하며 잠자리에 드는 것은 내일 일어나 다시 내가 천재라고 생각하는 허세를 가능하게 합니다. 이것을 스스로에 대한

---

* 하느님께 맞갖은 제물은 부서진 영, 부서지고 꺾인 마음을 하느님, 당신께서는 업신여기지 않으십니다. (시편 51, 19)

자존감이라고 긍정적으로 표현할 수도 있지만 허세면 또 어떻습니까?

이것은 마치 매일 보는 해와 달이 실제로 인간의 삶에 계속해서 영향을 미치지만 인간은 그곳에 이를 수 없는 것과 같습니다. 하지만 내가 그곳에 이르지 못한다고 해서 그것이 나와 관계가 없지 않은 것처럼, '마음에 두고', '내 마음을 신뢰하는' 마음이 되기 위해서는 "주님, 저는 주님을 제 지붕 아래로 모실 자격이 없습니다"라는 마음가짐에서 출발해야 합니다. 그래서 오직 제가 청하는 것은 "그저 한 말씀만 해주십시오"라는 마음뿐입니다. 그렇게 기도할 때 스스로 무능하고 지지리도 못나 보이는 나 자신에 대한 반감이 조금씩 사라질 것입니다.

아무것도 바라지 말고 꾸어 주어라. (루카 6, 35)

Mutuum date nihil inde sperantes.

무투움 다테 니힐 인데 스페란테스.

이 표현은 주로 중세 시대 유대인 고리대금업자의 폭리와 착취로부터 고리대금 금지 법안을 작성할 때 종종 인용되었던 성경 구절입니다. 그런데 이것을 우리 마음과 연결해보면 우리는 우리 마음에 대해서도 마치 고리대금업자처럼 폭리와 착취로 나 자신을 대하지 않았나 생각해보게 됩니다. 우리가 지나친 우월감이나 그 반대의 감정을 추스르고, 자기 자신에게, 자기 마음에 아무것도 바라지 않고 꿔주는 자세를 가진다면, 거기에서 내일 다시 일어설 힘이 비롯되지 않을까요?

<u>15</u>

남을 죄짓게 하는 일이
일어나지 않을 수는 없다.

Impossibile est ut non veniant scandala.

임포씨빌레 에스트 우트 논 베니안트 스칸달라.

— 루카 17, 1

'죄짓게 하는 일'이라고 번역한 그리스어 원문은 '스칸달라 σκάνδαλα'인데, 우리가 익히 짐작할 수 있는 '스캔들'이라는 단어입니다. 이 단어는 원래 걷는 것을 방해하는 무엇, 곧 걸려 넘어지게 하는 걸림돌이나 희생물로 삼기 위해 놓은 올가미를 뜻합니다.

신약성경에서는 비유적인 의미로 믿음을 약하게 만들거나 방해하는 모든 것을 일컬을 때 이 단어를 주로 사용하는데, 이는 걸림돌이 될 수 있는 상황은 언제나 있음을 말합니다.[*] '죄짓게 하는 일', '걸림돌이 되는 일'은 일어나지 않을 수 없다는 표현이 이를 뜻합니다. 성경에서는 이 스칸달라 외에도 죄를 지칭하는 다양한 표현을 쓰는데 그 용어들은 하느님에 대한 불순종과 그분을 모욕하는 것에서부터 목표를 이루지 못한 것, 계획에서 벗어난 것, 인간의 전적인 타락을 가리킵니다.

마음의 골방에서 꼬인 매듭과 걸림돌이 되는 일들을 바라보면 어떤 것은 내 탓이 아닌데도 생긴 것이 있고, 또 어떤 것은 내 탓으로 생긴 것도 있습니다. 그러나 그것이 무엇이든, 나로 인한 것이든 타인에 의한 것이든 걸림돌이 되는 일을 풀기 위해서는 전향적인 마음의 결심이 필요합니다.

풀어야 할 것과 매어야 할 것을 잘 보지 못하던 시절, 아니 그것 자체가 뭔지도 모르던 시절에 저는 그저 꼬인 매듭 자체로 힘들어했고 그 원인을 제공한 사람을 미워했습니다. 그러나 원망과 미워하는 마음만으로는 내 삶이 나아지지 않습니다. 저는 제 삶이 나아지는 방향으로 나아가기 위해서는 뭔가를 해야 했고, 이때 그 무엇보다 마음의 돌이킴이 필요했습니다.

---

* 염철호 편역, 『길 진리 생명 해설 성경 신약편』, 성바오로출판사, 2020, 288쪽 참조.

성경에서 '마음의 돌이킴'을 뜻하는 말은 그리스어 '메타노이아μετάνοια'인데, 이 말의 기원이 재미있습니다. 메타노이아는 그리스 군사들이 한 방향으로 행진하다가 지휘관이 방향을 뒤로 돌려야 할 때 외쳤던 말입니다. 즉 메타노이아는 '뒤로 돌아!'라는 뜻입니다. 그리고 이 메타노이아는 '길을 바꾸는 것', '뒤로 돌아가는 것'을 의미하고 교회는 이것을 마음의 돌이킴을 상징하는 '회개'라는 용어로 쓰게 됐습니다.

메타노이아!

그럼 마음의 돌이킴은 어떻게 할 수 있을까요? 이때 중요한 것은 개인이 해결할 수 없는 문제에 대한 공동체의 성찰이, 우리가, 연결된—개인의 고통이 사회의 고통으로, 사회의 고통이 개인의 고난으로 이어질 수 있는—고통을 간과해서는 안 된다는 점입니다. 우리는 생의 성장 단계마다 새롭게 방황하고, 그 방황 속에서 무수한 죄(스칸달라)를 짓게 됩니다. 하지만 그 같은 죄를 유발하는 걸림돌과 그로 인한 기억에 대해서, 그것을 인식하는 '지금 이전'과 '지금 이후'로 구분하는 습관이 필요합니다. 이것은 다시 말해, **지금 이전의 나를 둘러싼 무수한 스칸달라는 타인 혹은 다른 무언가의 책임일 수 있지**

만 지금 이후의 스캔달라는 나의 책임이라고 생각하는 습관입니다.

누구의 탓, 책임이라고 생각하는 마음만으로 내 삶은 온전히 나아지지 않습니다. 그렇게 생각하는 방식에서 메타노이아, '뒤로 돌아'를 할 필요가 있습니다. 이것이 '마음의 돌이킴'입니다. 즉, **마음의 돌이킴은 안 하던 짓을 하는 것이지요.** 우리는 타인을 죄짓게 해서도 안 되지만, 나 자신도 죄짓게 해서는 안 됩니다. 동시에 이 말은 나의 고통과 타인의 고통을 어떻게 볼 것인가에 대한 문제이기도 합니다.

물론 성경도 그것이 얼마나 어려운 일인지를 알기에 '임포씨빌레 에스트Impossibile est', '불가능하다'라는 말로 시작합니다. '죄짓게 한다'라는 것이 '걸림이 되게 한다'라는 뜻이라면 내가 나에게, 내가 너에게 걸림이 되었던 것은, 되는 것은 무엇인지를 보아야 합니다. 거기에 풀어야 할 것과 매어야 할 것이 있습니다. 그리고 여기에는 반드시 마음의 돌이킴이 있어야 합니다. 그래서 침묵이 어렵고 기도가 힘듭니다.

16

지금이 바로 그때다.

Sed venit hora, et nunc est.

세드 베니트 호라, 에트 눈크 에스트.

— 요한 4, 23

요즘 아이들아,[*]

Nunc pueri

눈크 푸에리,

과거의 그 일이,

---

[*] 현대 사람들이 흔히 "요즘 사람들은" "○○ 세대는" 하고 말하는 것처럼 중세시대에는 "요즘 아이들" "요즘 것들"이라고 말하는 경우가 많았다.

그 사람과의 만남이,

그런 환경에 놓일 수밖에 없었던 내가

지금은 그것이 나와 상관이 없다.

Nunc nihil ad me attinet.

눈크 니힐 아드 메 아티네트.

"지금이 바로 그때다." 이 성경 구절은 요한복음 4장 '사마리아 여인과의 이야기'에 나오는 한 대목입니다. 요한의 신학에서는 특별히 '때'가 중요한데, 이 문맥은 바로 그 '때'를 강조하는 문장입니다. '지금이 바로 그때'에서 말하는 때는 '스칸달라'를 '페트라πέτρα'로, 곧 '반석'이 되게 하는 때입니다. 지금까지 나에게 걸림돌이었던 일이 디딤돌이 되기 위한 것이었다고 말할 수 있으면 얼마나 좋겠습니까? 그런데 그런 순간을 맞으려면, "내가 나"가 될 때 가능합니다.(요한 8, 24 참조)

"내가 나다"라고 번역한 그리스어는 '에고 에이미ἐγὼ εἰμι'인데, 이를 라틴어 성경은 '나는 나이다', '나입니다'라는 뜻의 '에고 숨ego sum'으로 옮겼습니다. 요한복음서에 자주 나오는 '나다'라는 말은 히브리어 성경에서 주님이 자신을 계시할 때 사용한 표현이기도 합니다.** 가령 이사야서 43장 11절, "내가, 바로 내가 주님이다." 이사야서 45장 18절, "내가 주님이다." 신명기 32장 39절, "나, 바로 내가 그다"에서 나온 표현입니다.

주님이 자신을 나타낼 때 사용한 표현인 "내가 나다"라는 말을 인간인 우리 각자도 사용할 수 있어야 합니다. 이 말은 '내가 나'라는 온전한 자존감에서 나오는 표현입니다. 내가 나가 될 때 풀어야 할 꼬인 매듭도, 걸림돌이라고 생각했던 관계와 일도, 궤도에서 벗어난 삶과 실패한 인생도 미안한 일은 아니라고 생각할 수 있습니다. 우리는 **많은 사람에게 미안할 수 있지만 늘 그 마음으로 산다면 현재를 살아갈 수 없습니다. 실패해서 가장 힘들고 아픈 사람은 바로 나입니다.** 저 역시 처음의 궤도에서 벗어나서 가장 힘들고 괴로웠던 것은 저 자신이었습니다.

그래서 "내가 나다"라는 말은 내가 온전히 채워졌을 때 느끼는 충만함에서 나오는 것이 아니라 충만함으로 다가서겠다고 결심한 순간, 바로 그때 할 수 있는 말입니다. 그 순간 자체가 이미 자신을 내보이고 아직 이루지 못한 스스로를 마주하

** 염철호 편역, 『길 진리 생명 해설 성경 신약편』, 성바오로출판사, 2020, 357쪽 참조.

며 설렐 수 있는 충만한 순간이지요. 저 역시 언젠가 괴로움과 어려움으로부터 한 발짝 걸어나와 잔을 건네며 "마셔야 할 때가 바로 지금이다" "지금 마셔야 한다"라고 말할 수 있게 된다면 좋겠습니다.

지금이 바로 그때다.

Sed venit hora, et nunc est.

세드 베니트 호라, 에트 눈크 에스트.

저 또한 언젠가는 그 말을 할 수 있기를 바랍니다.

지금 마셔야 한다.

Nunc est bibendum.

눈크 에스트 비벤둠.

17

스승님,
저희가 여기에서 지내면 좋겠습니다

Rabbi, bonum est nos hic esse.

랍비, 보눔 에스트 노스 힉 에쎄.

— 마르 9, 5

마르코복음 9장 2-10절에는 예수의 영광스러운 변모 이야기가 나옵니다. 예수가 제자 중 베드로와 야고보, 요한을 데리고 높은 산에 올라 그들 앞에서 모습이 변했는데, 이때 예수의 옷이 새하얗게 빛났다고 하지요. 그리고 그때 엘리야[*]가 모세와 함께 나타나 예수와 이야기를 나눴고, 이를 보고 잔뜩 겁먹은

---

* BC 9세기에 활동한 선구적 예언자로, 엘리야의 이야기는 구약성경 열왕기 상, 하에서 읽어볼 수 있다.

제자들을 뒤덮은 구름 속에서는 "이는 내가 사랑하는 아들이니 너희는 그의 말을 들어라" 하는 소리가 났다고 합니다.(마르 9, 7) 이는 마르코복음 1장 11절, 예수가 요한에게 세례를 받으실 때 하늘에서 들려온 "너는 내가 사랑하는 아들, 내 마음에 드는 아들이다"라는 소리와 비슷합니다. 차이가 있다면 마르코복음 1장 11절의 말씀은 예수 자신에게 향하고 있다면, 마르코복음 9장 7절은 베드로, 야고보, 요한 세 명의 제자를 향하고 있다는 점입니다.

마르코복음 1장 11절에서 예수는 마치 새로운 모세로서 등장하며, 이 구절은 신명기 18장 15절의 끝부분, "너희는 그의 말을 들어야 한다"를 연상시킵니다.[**] 반면 마르코복음 9장 2-10절에 드러나는 예수의 영광스러운 변모는 어디까지나 제자들을 위한 것입니다. 이렇게 놀랍고 두려운 상황 속에서 베드로는 불쑥 "스승님, 저희가 여기에서 지내면 좋겠습니다"라는 말을 던지는데, 성경은 베드로도 그 자신이 무슨 말을 해야 할지 몰라서 한 말이라고 합니다.(마르 9, 6 참조)

기쁨의 순간이 짧은 것처럼 높은 산에서 일어난 예수의 변

[**] Cf. Direzione editoriale di Alfio Filippi, *La Bibbia di Gerusalemme*, EDB 2016, p. 2412. 신명기 18장 15절 전문은 "주 너희 하느님께서 너희 동족 가운데에서 나와 같은 예언자를 일으켜 주실 것이니, 너희는 그의 말을 들어야 한다"이다.

〈예수의 변모〉, 라파엘로, 패널에 유채, 405×278cm, 1520, 바티칸 박물관

모 순간은 아주 짧습니다. 그런데도 그것을 보여주는 이유는 무엇일까요? 저는 이 복음을 묵상하며 이 말씀이 마치 한 알의 박하사탕 같다고 느꼈습니다. 마치 우리가 한여름 불볕더위로 뜨거워진 아스팔트 길을 걷는 것 같은 일상을 살다가 머리는 몽롱하고 몸은 지쳐 더 이상 걸을 수 없을 때, 우리에게 내밀어진 한 알의 박하사탕 같다고요.

우선 마르코복음 1장 11절, 예수가 요한에게 세례를 받으실 때 언급된 "너는 내가 사랑하는 아들, 내 마음에 드는 아들이다" 하는 말씀은 아버지가 아들에게 주는 사탕입니다. 그리고 "이는 내가 사랑하는 아들이니 너희는 그의 말을 들어라"(마르 9,7) 하는 말씀은 스승이 제자에게 주는 사탕입니다.

우리가 기도하며 청하는 것이 무엇이든 그것을 이미 받은 줄로 믿고,(마르 11, 24 참조) 주님을 제 지붕 아래로 모실 자격이 없다는 마음으로 살아가더라도,(마태 8, 8 참조) 즉 바라는 것이 무엇이든 이미 이루어졌다고 믿는 마음으로 산다고 하더라도 실제로는 이루어지지 않은 채 그런 날들이 계속 지속되면, 어느 순간 이 모든 것이 희망 고문이란 생각에 발이 떨어지지 않게 됩니다. 요즘 표현으로 '당이 떨어지면' 못 걷게 되는 것과 같지요. 그래서 이것은 때로, 스승이 자신의 말을 못 알아듣는 어리석은 제자들에게 주는 한 알의 사탕과도 같은 말씀입니다. 그것을 건네는 이유는 그저 단순한 '사탕발림'이 아니라 직접적인 표현을 통해서 평범한 인간의 약한 마음에 힘을 주기 위해서입니다. 그분을 알아보지 못한 그 누구라도 알아들을 수 있는 분명한 메시지로요.

스승님, 저희가 여기에서 지내면 좋겠습니다. (마르 9, 5)

힘들고 지친 일상이 계속되다 보면 지금 선 자리에서 멈추고 싶은 마음이 들 때가 많습니다. 제자들도 마찬가지였을 겁니다. 그런 그들이 높은 산에서 스승의 영광스러운 변모를 목도하며 예수와 함께 체험한 모든 것이 새로운 시선이 되고, 이로써 지금을 다르게 보게 되고 이해하게 되는 순간을 맞았을 거라고 생각합니다. 그들은 더 이상 모세나 엘리야를 통해서가 아니라 스승인 예수를 직접 응시하는 경험을 했고, 이것은 그저 높은 산에 머물기 위함이 아니라 다시 지상(현실)으로 내려오기 위한 강렬한 체험 학습과도 같습니다. 스승은 그 체험 학습을 위해 제자들에게 사탕 한 알을 준 것입니다.

그렇다면 지금 우리 일상의 사탕은 무엇일까요? 다양한 모습을 하고 있겠지만 그중 하나는 사람마다 각자 가질 수 있는 **작은 성취의 경험**일 것입니다. 학생에게는 시험 한 과목에서의 성과이고, 또 누군가에게는 내가 하고자 하는 것이나 변하고자 하는 것에서 아주 작은 하나를 잘 해내는 경험입니다.

우리 각자의 삶에도 준비된 자루가 있고, 그 속에는 우리가 삶을 잘 헤쳐 나갈 수 있도록 하는 사탕이 이미 들어있습니다. 때때로 그 자루를 열고 그 안의 사탕을 확인해보았으면 합니다. 그중에는 언제 꺼내야 할지 우리가 결정할 수 있는 것도 있을 겁니다. 다만 너무 자주 꺼내서 그 단맛에만 취해도 안 되고 너무 꺼내지 않아서 힘을 잃어서도 안 될 것입니다.

18

쟁기에 손을 대고 뒤를 돌아보는 자는
하느님 나라에 합당하지 않다.

Nemo mittens manum suam ad aratrum
et respiciens retro aptus est regno Dei.

네모 미텐스 마눔 수암 아드 아라트룸
에트 레스피치엔스 레트로 압투스 에스트 레뇨 데이.

— 루카 9, 62

제자들이 산 위에서 예수의 변모를 마주한 것과 같은 강렬한
체험은 사람의 정신을 붕 뜨게 하고 묘한 흥분을 주며 그 순
간 자신의 모든 것이 변한 것 같은, 그래서 모든 것을 새롭게
할 수 있을 것 같은 마음이 들게 합니다. "저희가 초막 셋을
지어 하나는 스승님께, 하나는 모세께, 또 하나는 엘리야께 드
리겠습니다"(마르 9, 5)라는 베드로의 말도 그런 맥락에서 얼떨
결에 나왔을 겁니다. 하지만 다시 지리멸렬한 일상이 이어지
고 가야 하는 길의 끝이 보이지 않으면 마음은 또 슬슬 다른

소리를 냅니다. 이 길의 끝이 있기는 할까? 언제쯤 끝날까? 나는 제대로 가고 있을까? 남들은 어디쯤 가고 있을까? "쟁기에 손을 대고 뒤를 돌아보는 자는 하느님 나라에 합당하지 않다"라는 구절 속, 쟁기에 손을 대고 뒤를 돌아보는 모습은 바로 우리의 이런 태도를 말하는 걸 겁니다.

루카복음 9장 57-62절은 예수가 제자들과 함께 예루살렘으로 가는 길의 상황을 그리고 있는데, 사람들이 예수에게 다가와 "어디로 가시든지 저는 스승님을 따르겠습니다" 하고 말합니다.(루카 9, 57) 그런데 누군가는 먼저 집에 가서 아버지의 장사를 지내게 해달라고 하고, 또 누군가는 가족에게 작별 인사를 하게 허락해달라고 하지요.(루카 9, 59-61 참조) 그리고 이 이야기 속에서 예수는 그저 "나를 따르라Sequere me. 세퀘레 메"라고 답합니다.

간혹 이 이야기를 읽고 예수를 따르려면 가족도 친구도, 내가 소중하게 생각하는 것들을 다 버리라는 말인가, 하고 고민하는 사람이 있을지도 모르겠습니다. 그러나 예수의 말은 인류를 저버리고 무조건 자신을 따르라는 이야기가 아닙니다. 현실에서 우리가 따르고자 하는 길, 가고자 하는 길을 걷다 보면 우리를 멈춰 서게 하는 수많은 상황과 이런저런 일과 마주치곤 하는데, 이때 예수의 말은, 우리가 집중력을 잃지 않고 바라봐야 하는 것이 무엇인지를 다시 생각해보게 합니다. "쟁기에 손을 대고 뒤를 돌아보는 자는 하느님 나라에 합당하지 않다"라는 구절과 "나를 따르라"라는 말은 바로 그 같은 태도를 우리에게 이야기하고 있습니다.

> 너희는 스스로 조심하여, 방탕과 만취와 일상의 근심으로 너희 마음이 물러지는 일이 없게 하여라. (…) 너희는 앞으로 일어날 이 모든 일에서 벗어나 사람의 아들 앞에 설 수 있는 힘을 지니도록 늘 깨어 기도하여라. (루카 21, 34-36)

19

네가 작은 일에 성실하였으니
이제 내가 너에게 많은 일을 맡기겠다.

Super pauca fuisti fidelis, super multa te constituam.
수페르 파우카 푸이스티 피델리스, 수페르 물타 테 콘스티투암.

— 마태 25, 21; 23

하고자 하는 일이 힘에 부치면 작은 일에 전력하는 것도 좋습니다. 그러기 위해서는 영혼의 독방에 머무는 것도 하나의 방법입니다. 저는 이 원고를 쓰다 막혔을 때 제가 예전에 몸담았던 수도회의 수도원을 찾아가 며칠 머물렀습니다. 수도원의 독방에 들어가면 세상에 있을 때는 생각나지 않던 사람 중에서도 만나고 싶은 사람, 간절히 보고 싶은 사람의 얼굴이 떠오릅니다. 그 가운데 어떤 사람은 흘러가게 두어야 하는데 여전히 붙잡고 보내지 못하는 사람이 있고, 흘러가게 두지 않고 오래 간직하고 싶은 사람이 있습니다.

영혼의 독방, 이곳에 머무는 것은 이 방의 문을 닫고 물리적으로 타인과 자신을 격리하기 위해서가 아니라, 세상을 향해 열어두었던 마음의 문을 닫고 '자기 자신으로 돌아가려는 시간'을 갖기 위한 것입니다. 하지만 인간은 인간의 의지만으로 내면에서 솟아오르는 생각을 중단시킬 수 없습니다. '생각을 멈추자!' '생각을 그만두자!'라고 하는 것은 마치 '숨을 그만 쉬자'라고 말하는 것과 비슷할 겁니다. 그렇기 때문에 오히려 샘솟는 생각이 멈추기를 바라는 대신 흘러갈 생각은 흘러가게 두고, 흘러가지 못하고 남은 것이 있다면 그것들을 찬찬히 들여다봅니다.

독자獨子가 독자獨自에게

혼자가 혼자에게

영혼의 독방에 머물며 샘솟는 생각들 가운데 흘러갈 것을 흘러가는 대로 두지 못하는 저 자신을 볼 때 저는 이렇게 말해봅니다. "나는 다른 사람과 같습니다."

살다 보면 나도 나 자신이 싫을 때가 있습니다. 매일 마주해야 하는 한계와 부족함, 서투름, 이외에도 여러 이유로 자기 자신이 싫어지게 됩니다. 그런 때에 인간인 우리에게는 칭찬이라는 사탕이 필요합니다.

Laetus sum, laudari me abs te.
래투스 숨, 라우다리 메 압스 테.

'당신에게 칭찬을 들으니 기쁘다'라는 뜻입니다. 인간의 내면에는 정도의 차이는 있지만 "나는 칭찬받고 싶은 마음으로 불탄다Ardeo studio laudis. 아르데오 스투디오 라우디스"라는 말이 있듯이 타인으로부터 인정받고 칭찬받고 싶은 마음이 있습니다. 때로는 "지나친 칭찬은 당신에게 해가 됩니다Nimiae laudes tibi detrimento sunt. 니미애 라우데스 티비 데트리멘토 순트"라고도 하지만, 막상 칭찬받으면 분명히 "래투스 숨, 라우다리 메 압스 테, 당신에게 칭찬을 들으니 기쁩니다"라고 말하게 되지요.

그리고 칭찬만큼 '사람마다 타인의 도움이 필요한 법Alterum alterius auxilio eget, 알테룸 알테리우스 아욱실리오 에제트'입니다. **인간은 특별하지 않습니다.** 그것이 우리가 인간이라는 사실을 기억해야 하는 이유입니다. 그래서 인간은 '막살 수 있는' 권리도, 타인의 삶에 '아니면 말고 식'으로 관여해 그의 삶을 침해할 권리도 없습니다.

영혼의 독방에 머물며 내 마음속에서 흘러가지 못하고 남은 것을 찬찬히 들여다볼 때 이렇게 묻습니다.

나는 무엇을 해야 하고, 너는 무엇을 판단해야 하는가?

Quid agam, iudices?

퀴드 아감, 유디체스?

— 키케로, 『베레스에 맞선 키케로의 변론Verrem』, II, 5

인간은 무엇이 나의 의무이고 권리가 아닌지를 생각할 수 있는 존재입니다. 이것이야말로 특별하지 않은 인간에게 주어진 권리이자 도리입니다. 무엇이 나의 의무인지를 알고 그것을 행할 수 있어야 하고, 무엇이 나의 권리가 아닌지를 알고 그것을 행하지 않을 수 있어야 합니다. 그래서 "자기 자신을 다스리는 것이 최고의 다스림입니다Imperare sibi maximum imperium est. 임페라레 시비 막시뭄 임페리움 에스트." 이를 위해 아주 단순하지만 최고의 기도인 '주님의 기도'로 머리와 마음을 채워봅니다.

그리고 여기에서 나아가 제가 할 수 있는 가장 작은 일은 무엇인지 다시 생각해봅니다. 에제키엘서 11장 19절에는 "나는 그들에게 다른 마음을 넣어주고 그들 안에 새 영을 넣어주겠다. 그들의 몸에서 돌로 된 마음을 치워 버리고 살로 된 마음을 넣어주어,"라는 말씀이 있습니다. **돌로 된 마음을 살로 바꾸는 것.** 이것이 바로 지극히 작은 일에 성실하기의 시작이 아닐까 합니다. 겹겹이 둘러싼 마음의 껍질을 보는 것은 쉽지 않지만, **나무는 성장하면서 껍질을 벗겨냅니다.**

이 기도의 마무리는 토마스 아 켐피스의 기도로 바칩니다.

주님, 제가 알아야 할 것을 알게 하시고,
사랑해야 할 것을 사랑하게 해주시며,
당신 뜻에 최고로 맞는 것을 찬미하게 하시고,
당신이 귀하게 보는 것들을 귀하게 여기도록 해주시며,
당신이 더럽게 보는 것들을 저도 하찮게 보게 해주소서.
저를 눈에 보이는 대로 판단하게 놔두지 마시고,
경험이 없는 사람들의 말을 듣고
그대로 판단하지 않게 해주시며,
눈에 보이는 것과 영적인 것을 올바로 식별하게 하시고,
모든 것을 초월하여 항상 당신 마음에 드는
뜻을 찾게 해주소서.
Da mihi, Domine, scire quod sciendum est,
hoc amare quod amandum est,

hoc laudare quod tibi summe placet,

hoc reputare quod tibi praetiosum apparet,

hoc vituperare quod tibi sordescit.

Non me sinas secundum visionem oculorum

exteriorum iudicare,

neque secundum auditum aurium hominum

imperitorum sententiare:

sed in iudicio vero de visibilibus et spiritualibus

discernere atque super omnia voluntatem

beneplaciti tui semper inquirere.

다 미기, 도미네, 쉬레 쿼드 쉬엔툼 에스트,

혹 아마레 쿼드 아만둠 에스트,

혹 라우다레 쿼드 티비 숨메 플라체트,

혹 레푸타레 쿼드 티비 프래티오숨 아빠레트,

혹 비투페라레 쿼드 티비 소르데쉬트.

논 메 시나스 세쿤둠 비시오넴 오쿨로룸

엑스테리오룸 유디카레,

네쿼 세쿤둠 아우디툼 아우리움 호미눔

임페리토룸 센텐티아레:

세드 인 유디치오 베로 데 비지빌리부스 에트 스피리투알리부스

디쉐르네레 아트쿼 수페르 옴니아 볼룬타템

베네플라치티 투이 셈페르 인쿼레레.

— 토마스 아 켐피스, 『그리스도를 본받아』 3, 50, 7

20

거룩하시다,

거룩하시다,

거룩하시다.

Sanctus, sanctus, sanctus.

산투스, 산투스, 산투스.

― 이사 6, 3

'산투스sanctus'는 고대 인도유럽어 'sak'에서 파생한 단어로 '침범할 수 없는, 신성불가침의, 거룩한'을 의미하고, '종교 예식으로 신성불가침의 것으로 만들다, 법으로 규정하다'라는 의미의 '산치오sancio' 동사의 과거분사이기도 합니다.[*] 반면 영어의 '신성한, 경건한'을 의미하는 '홀리holy'는 '전체'를 뜻하는 '홀whole'에서 유래했다고 합니다. 저는 어원에 관심이 많

[*] Cf. Grzegorz Tokarski, *Dizionario indoeuropeo della lingua latina*, p. 134.

고 그 안에 많은 의미가 함축된 것을 알게 될 때 몹시 기쁩니다. 아마 영어 'holy'는 '성스러움'을 전체를 아우르는 것으로 이해하지 않았나 생각해봅니다. 실제로 우리가 거룩하다고 여긴 사람들 대부분은 의식과 무의식적 자아가 균형을 이룬 인간입니다.[**]

거룩하시도다!

거룩함은 아마도 **특별하지 않은 날, 특별하지 않은 것을 특별하게 대하는 마음**에서 시작하는 것이 아닐까 생각해봅니다.

고대 그리스인은 시간을 '크로노스Χρόνος'와 '카이로스καιρός'로 구분했습니다. 영어의 '크로놀로지chronology'는 이 크로노스에서 유래하는데, 크로노스는 물리적으로 흘러가는 시간으로서 분, 시간, 날, 달, 해의 흐름으로, 무정하고도 끊임없이 지치지 않고 흘러가는 시간입니다. 반면 카이로스는 특별한 의미를 지니는 순간이나 때, 은총의 시간이자 현재의 충만

[**] M. 스콧 펙, 김훈 옮김, 『거석을 찾아서, 내 영혼을 찾아서』, 고려원미디어, 1996, 84쪽 참조.

함, 내적으로 깊어지는 시간을 말합니다.[*] 거룩함이란 크로노스의 시간이 카이로스의 시간이 될 때, 즉 특별할 것 없는 일상이 특별한 날이 되고 특별하지 않은 사람이 특별한 사람이 될 때 다가오는 것이 아닐까 생각합니다. 그리고 바로 그 순간이 거룩한 때일 것입니다.

그러나 보통의 인간은 긴 시간을 살아내고 많은 경험을 했다고 해도 정서적, 인간적 성숙이 자동으로 따라오지 않는 게 현실입니다. 그래서 인생은 산 햇수로 평가받지 못하는 것이지요. 또한 큰 체험을 하거나 자각이 일어나도 그것을 자기 것으로 체화하지 못한 채 일상으로 돌아가 비슷한 상황이 되풀이되면 경험하거나 자각이 있기 전보다 자기 자신이 더 별로인 것처럼 느끼기도 합니다.

잘하는 것은 놔두어도 계속 잘할 가능성이 크지만, 부족하고 서툰 부분은 그냥 놔두어서 나아질 가능성이 거의 없습니다. 부족함이나 서툰 부분을 개선하거나 조금이라도 나아지게 하고 싶다면 또다시 내가 할 수 있는 것과 할 수 없는 것이 무엇인지 식별해야 합니다. 어둠 속에서 빛을 선택하는 행위는 일회적인 선택과 행동이 아니라 우리 삶의 여정에서 지속되

---

[*] M. 바실 패닝턴, 이승구 옮김, 『향심기도』, 기쁜소식, 2009, 193쪽 참조.

고 반복되어 할 행위이기 때문입니다.

　"거룩하시도다!"라는 외침은 바로 그 과정에서 나오는 찬미의 영가일 것입니다.

21

건강해지고 싶으냐?

Vis sanus fieri.

비스 사누스 피에리.

— 요한 5, 6

1960년대 제도권 교회에서 벗어난 영국인들은 "느끼는 대로
해라!" "안달복달하지 말고 편하게 살아라!" "흐름에 몸을 맡
겨라!" "너만의 것을 하라!"와 같은 구호 속에서 살고자 했습
니다.[*] 이 같은 외침은 오늘을 사는 우리에게도 적용되는 것
처럼 들립니다. 인간은 어느 시대이건 인간으로서 온전함을
갖고자 추구해왔습니다.

[*] 카렌 암스트롱, 이희재 옮김, 『마음의 진보』, 교양인, 2006, 210-211쪽 참조.

요한복음 5장 1-8절은 벳자타 못가에서 병자를 고치신 예수의 이야기로, 그런 맥락에 딱 어울리는 성경 구절입니다. 예루살렘의 '양 문'** 곁에는 히브리 말로 벳자타라는 못이 있고, 그 못가에는 다섯 채의 주랑柱廊이 있었는데, 그 안에는 여러 증상을 앓고 있는 병자가 있었다고 합니다. 그중 38년을 앓아온 사람을 향해 예수는 묻습니다. "건강해지고 싶으냐?" 하고요. "건강해지고 싶으냐?"의 그리스어 원문을 직역하면 "온전해지고 싶으냐?"라는 뜻입니다.***

잠시 이 이야기를 살펴보면, 38년간 병고로 신음하던 한 인간에게 예수는 지나가는 젊은 청년에 불과합니다. 그런 예수가 그의 간청에 "일어나 네 들것을 들고 걸어가라"라고 말하자, 그는 곧 건강하게 되어 일어나 예수의 명대로 자기 들것을 들고 걸어갑니다. 그런데 하필 이날이 안식일입니다. 유대인은 안식일에 일하지 않는 것이 법이어서, 주변 사람들은 일어난 그 사람에게 들것을 들고 가서는 안 된다고 말합니다. 심지어 그리 하라고 지시한 예수를 찾아 박해하기까지 하지요.

***

** 예루살렘 동쪽에 위치한 성문으로, 성문 양쪽에 한 쌍의 사자가 조각되어 있어 '사자문'이라고 부른다. 특별히 제물로 사용될 양들이 출입하는 문이라고 해서 '양 문'으로 불리기도 했다.

*** 송봉모, 『비참과 자비의 만남』, 바오로딸, 2012, 41-42쪽 참조.

〈벳자타(베데스다 연못)〉, 로버트 베이트먼, 캔버스에 오일, 50.8×73.7cm, 1877,
예일 영국 미술 센터

만약 이 상황을 연극으로 만든다면 어떻게 될까요? 아마도 무대 위 등장인물은 세 부류로 나뉠 겁니다. 병들어 아프지만 낫고자 하는 사람, 아픈 사람을 보고 공감하고 치유해주려는 사람, 그 행위에 트집을 잡아 방해하는 사람으로요.

그런데 이처럼 서로 다른 세 배역이 한 명의 인간인 내 안에 함께 존재합니다. 남이 가진 하나가 없어서 간절히 목말라하는 나, 그 부족함을 극복하고자 하는 나, 그와 반대로 왜 쓸데없는 짓을 하느냐고 말하는 또 다른 나. 이 세 배역 모두 내 안에 있는 나입니다. 여기에서 "건강해지고 싶으냐?"라는 말이 왜 "온전해지고 싶으냐?"라는 의미인지 이해하게 됩니다. 인간은 병이 낫고 싶지만 동시에 그대로 머물고 싶은 마음도 있기 때문입니다. 지금의 환경이나 조건이 좋지는 않지만 익숙한 것에서 떠나기 싫은 마음이 동시에 있습니다. 그것이 인간이고, 그래서 인간은 온전해질 수 없는 존재인 것이지요. 그리고 그 불온전함이 우리가 가진 아픔이자 '들것'일 겁니다. 그렇기에 우리는 예수의 질문과 답을 다시 생각해보게 됩니다.

> 건강해지고 싶으냐? (…) 일어나 네 들것을 들고 걸어가거라. (요한 5, 6-8)

산다는 것은 변화하는 것이고,

완전하다는 것은 자주 변화되었다는 것이다.[*]

— 뉴먼 추기경

[*] 송봉모, 『비참과 자비의 만남』, 바오로딸, 2012, 63쪽 인용.

22

무엇을 찾느냐?

> Quid quaeritis?
>
> 퀴드 쾌리티스?
>
> — 요한 1, 38

"무엇을 찾느냐?" 이것은 요한복음에서 예수가 당신을 따라오던 세례자 요한의 두 제자에게 던진 질문입니다. 이 질문은 예수가 공생활**을 시작하면서 인간에게 던진 첫 질문이라는 점에서 우리도 함께 생각해볼 필요가 있습니다.*** 그런데 이때 두 제자가 찾는 것은 스승 예수의 거처입니다. 둘은 "라삐,

---

** 예수가 서른 살쯤에 사적인 가정생활을 떠나 출가하여 공적으로 하느님 말씀을 선포하기 시작했는데, 이때의 생활을 공생활(公生活)이라고 한다.

*** 송봉모, 『삶의 우물가에 오신 말씀』, 바오로딸, 2012, 34쪽 참조.

어디에 묵고 계십니까?" 하고 예수에게 묻지요. 복음 속 많은 사람이 저마다의 필요와 아픔을 치유하기 위해 무엇인가를 찾습니다. 그래서일까요? 스승이 어디에 거처하시는가, 하는 이 물음이 저에게는 이렇게 들리기도 합니다. "나라는 존재는 누구인가? 어디에 있는가?"라고요.

예수는 두 제자의 물음에 이렇게 답합니다.

와서 보아라. (요한 1, 39)

그는 자신이 어디에 묵고 있는지 알려주지 않습니다. 와서 보라는 것은, 직접 너희의 의지로 움직여 찾아와 확인하라는 이야기입니다. 스승의 거처에 대한 질문을 곧 나라는 존재에 대한 질문으로 본다면, 이 대답은 다시 내 존재에 대한 물음의 답 역시 자기 의지로 찾아야 한다는 말씀으로 이해됩니다. 어쩌면 두 제자가 스승인 예수가 머무는 곳을 찾아가는 과정은 우리가 우리 자신을 만나기 위한 과정이 아닐까 하는 생각도 해봅니다.

실제로 저는 제 의지와 관계없이 제 '존재 의식'이 무엇인가를 찾고 있다고 느낄 때가 있습니다. 그때 실재하는 '나'가 그런 '의식'을 향해 묻습니다. "무엇을 찾고 있나?" 그리고 저는 그 물음을 들여다보고, 답해봅니다. 내 존재 의식이 찾는 것은 결국 '나는 누구인가'라는 질문에 대한 답이고, 이 답은 누구도 가르쳐주지 않고 가르쳐줄 수 없으며, 결국 나 스스로 찾아야만 한다고요. 어디까지나 개인적인 견해입니다.

인간이 신을 만나기 위해서는 시간과 노력이 필요하듯이 인간이 인간을 만나는 데도 시간과 노력이 필요합니다. 그 가운데 자기 자신을 만나는 일은 그 누구를 만나는 일보다도 더 그렇습니다.

너희가 마음을 다하고 목숨을 다하여 그분을 찾으면 만나 뵐 것이다. (신명 4, 29)

나는 무엇을 찾습니까?
나는 무엇을 보고 있습니까?
당신은 무엇을 찾고, 무엇을 보고 있습니까?

23

너는 요한의 아들 시몬이구나.
앞으로 너는 케파라고 불릴 것이다.
'케파'는 '베드로'라고 번역되는 말이다.

Tu es Simon filius Iona:
tu vocaberis Cephas (quod interpreatur Petrus).

투 에스 시몬 필리우스 요나:
투 보카베리스 케파스 (퀴드 인테르프레아투르 페트루스).

— 요한 1, 42

시몬에서 베드로가 되기까지. 베드로의 본래 이름은 '시몬'인데 이는 히브리식 이름을 그리스식 이름으로 번역한 것입니다. 베드로는 당시 유대인이 그랬던 것처럼 두 개의 이름을 사용했는데, 그것은 그가 살던 지역이 그리스 문화가 성행하던 곳이라 두 언어가 모두 사용되었기 때문입니다.* 반면 '케파'

---

* 한국가톨릭대사전 편찬위원회, 「베드로」, 『한국가톨릭대사전 5』, 한국교회사연구소, 1997, 3300~3301쪽 참조.

는 아람어로 '돌' 또는 '반석'이라는 뜻이고 이 말의 그리스어가 '베드로'입니다.

시몬 베드로.

베드로의 둘째 서간 인사말에는 "예수 그리스도의 종이며 사도인 시몬 베드로가"(1베드 1, 1)라는 표현이 나옵니다. 앞에서 설명한 대로 시몬은 그의 본명이며 베드로는 예수가 지어준 이름입니다.

> 너는 요한의 아들 시몬이구나. 앞으로 너는 케파라고 불릴 것이다. '케파'는 '베드로'라고 번역되는 말이다. (요한 1, 42)

> 너는 베드로이다. 내가 이 반석 위에 내 교회를 세울 터인즉, 저승의 세력도 그것을 이기지 못할 것이다. (마태 16, 18)

'베드로', '반석'이라고 하면 어떤 이미지가 떠오르나요? 듬직하고 안정된 이미지가 떠오르나요? 그런데 성경에 드러난 베드로의 모습에서 진중하고 안정된 이미지를 볼 수 있나요? 아뇨, 그보다는 불안정한 모습을 훨씬 더 많이 보게 됩니다. 성경이 묘사하는 시몬 베드로는 우유부단하고 소신 없이 행동하기도 했고,(갈라 2, 11-14) 때로는 단호한 모습을 보여주

지만,(사도 4, 10; 5, 1-10) 때로는 무분별하고 경솔했습니다.(루
카 22, 33) 성격적으로 그는 충동적인 기질과 급한 성미 때문에
아무것도 아닌 일에 화를 잘 내지만,(루카 22, 33) 동시에 원한
을 품지 않는 온유하면서도 확고한 인물이었습니다.^{**}

시몬 베드로의 삶에는 늘 시몬과 베드로라는 두 개의 인
격, 두 사람이 존재합니다. 그것은 시몬이 베드로가 되었다고
해서 일순간 시몬이 아예 사라진 것이 아니기 때문입니다. 그
는 지극히 인간적인 시몬이라는 인격과 베드로라는 인격 사
이에서 갈등하고 아파하고 괴로워했던 인물입니다. 또한 그는
확신이 없는 사람이기도 했습니다. 남 앞에서는 자신감이 넘
치는 듯 행동하지만 한번 뱉으면 주워 담을 수 없는 말을 하
는 사람이었지요.^{***}

부르심을 받은 베드로 사도의 길은 평탄하지 않았습니다.
그 길은 인간의 기대와 달리 시련과 잘못, 거짓으로 연결되어
있었어요. 하지만 그는 그 길을 걸으며 배우고 자신의 존재와

---

*   이동원, 『인간적인 너무나 인간적인 제자 베드로』, 나침반출판사, 2010, 17쪽
참조.

** 한국가톨릭대사전 편찬위원회, 「베드로」, 『한국가톨릭대사전 5』, 한국교회사연
구소, 1997, 3301쪽 참조.

*** C. M. 마르티니, 이재숙 옮김, 『베드로의 고백』, 성바오로출판사, 1996, 31쪽
참조.

텔아비브 해변 '욥바(Joppa)' 또는 '야포'라고 부르는 곳 근처에 위치한 성 베드로 교회 천장에 쓰인 마태복음 16장 18절의 내용이다. 성 베드로 교회는 베드로가 이곳 욥바에서 기적을 행한 것과 욥바에 머물렀다는 것을 기념하기 위해 세워졌다.

인식을 성장시켜나갑니다. 이 배움은 지나간 일은 그냥 지나간 일이라고 말하지 않습니다. 예수는 베드로가 자기 내면 깊은 곳을 다시 볼 수 있도록 질문합니다.

> 요한의 아들 시몬아, 너는 나를 사랑하느냐? (요한 21, 17)

실패는 지나갔다고 해서 지나간 것으로 끝나지 않음을 봅니다. 지나가면서 흔적을 남기지요. 그 흔적을 상처로 받아들일지 성장으로 받아들이지는 우리 자신에게 달렸습니다. 베드로가 자신의 영적 아들인 마르코 복음사가에게 자신의 실패와 실수, 부끄러움과 좌절까지도 기록하도록 했다면, 그것은 그 모든 것을 성장으로 받아들인 베드로가 남긴 위대한 흔적일 것입니다.

그렇다면 우리는 우리의 실패를 어떻게 보아야 할까요? **시련과 실패에 대한 재인식**이 필요합니다.

24

유혹에 빠지지 않도록 깨어 기도하여라.
마음은 간절하나 몸이 따르지 못한다.

Vigilate et orate, ut non intretis in tentationem;
spiritus quidem promptus est, caro autem infirma.

비질라테 에트 오라테, 우트 논 인트레티스 인 텐타티오넴;
스피리투스 퀴뎀 프롬프투스 에스트, 카로 아우템 인피르마.

— 마태 26, 41

예수는 갈릴래아 호숫가를 지나가시다가 호수에 그물을 던지
고 있는 시몬과 그의 동생 안드레아, 배에서 그물을 손질하는
제베대오의 아들 야고보와 그의 동생 요한을 처음 만나서 부
른 이후부터(마르 1, 16-20) 마지막 만찬까지(마르 14, 17-31) 줄
곧 제자들에게 헌신하며 올바른 길을 보여주려고 노력했습
니다.

수난이라는 시험의 순간을 앞두었을 땐 자신이 붙잡힐 장
소인 겟세마니로 베드로와 야고보, 요한만을 데리고 가서, 세

제자에게 기도하며 깨어 있으라고 부탁한 다음, 그들로부터 조금 떨어진 곳에서 기도합니다. 이때 예수는 자신의 운명이 얼마나 심란했는지 세 제자에게 "내 마음이 너무 괴로워 죽을 지경이다"(마르 14,34)라고 말하는데요. 자신에게 다가오는 수난과 죽음을 냉정하게 아무런 감정적 동요 없이 대하는 것이 아니라 지극히 진정한 한 인간으로서 마주하지요.

그런 와중에도 제자들을 향한 걱정이 컸던 예수는 번민 속에 기도하면서도 세 번이나 제자들에게 들러 그들을 살펴봅니다. 하지만 그런 스승에게 제자들은 매번 잠든 모습만 보여줍니다.[*] 그때 나온 말이 "**유혹에 빠지지 않도록 깨어 기도하여라. 마음은 간절하나 몸이 따르지 못한다**"입니다.

10대 시절에 니체의 『인간적인, 너무나 인간적인』이라는 책을 보고 제목에 매혹되어 이해도 못 하는 책의 활자를 눈으로만 따라갔던 기억이 납니다. 그런데 인간적인, 너무나 인간적인 그 면모를 저는 베드로를 통해 봅니다. **인간적인, 너무나 인간적인 베드로**. 마음은 간절하나 몸이 따르지 못하는 베드로에게서 제 모습을 봅니다. 베드로에게도 스승을 더 이상 따

---

[*] 클레멘스 슈톡 지음, 염철호 옮김, 『마르코가 전하는 기쁜 소식』, 성서와함께, 2022, 417-422쪽 참조.

를 수 없다고 생각한 많은 순간이 있고, 그래서 울고 싶었고, 도망가고 싶었고, 소리 지르며 자기 속에 있는 화를 토해내고 싶은 적이 있었을 겁니다. 게다가 그는 많이 배운 인물도 아니었기에 지적 논리를 이해하고 표현할 능력도 부족했지요.[**] 이런 점에서 베드로의 삶은 우리에게 많은 교훈을 주지만 위로도 줍니다.

예수가 우리에게 말하는 것을 이동원 목사의 『인간적인 너무나 인간적인 제자 베드로』에 실린 베드로에 대한 헌시로 대신하여 봅니다.

인간적인 너무나 인간적인 베드로

시몬 베드로라는 으뜸 된 주의 제자로

…

그러나 그가 걸어간 길에는

우리와 너무 유사한

실패, 넘어짐의 상흔들이 있어서

…

[**] C. M. 마르티니, 이재숙 옮김, 『베드로의 고백』, 성바오로출판사, 1996, 29-30쪽 참조.

그러나 그의 재기의 몸짓에서

…

나의 실패가 나의 마지막 이야기일 필요 없는

희망의 상징을 만날 수 있습니다.[*]

[*]　이동원, 『인간적인 너무나 인간적인 제자 베드로』, 나침판출판사, 1998.

<u>25</u>

요한의 아들 시몬아,
너는 나를 사랑하느냐?

Simon Ioannis, amas me?

시몬 요안니스, 아마스 메?

— 요한 21, 17

베드로가 예수를 부인하는 사건은 점층적으로 이루어진 세 번의 행동으로 정확히 강조됩니다.

> 부인하였다 (⋯) 다시 부인하였다 (⋯) 거짓이면 천벌을 받겠다고 맹세하기 시작하며, "나는 그 사람을 알지 못하오." 하였다. (마태 26, 70; 72; 74)**

요한복음에는 '베드로가 당신을 모른다고 할 것을 예고하시다',(요한 13, 38) '한나스의 심문과 베드로의 부인'(요한 18, 17; 25; 27)에 베드로가 예수를 세 번 부인한 이야기가 실려 있습니다. 그리고 예수는 베드로를 단단하게 하고 성찰하게 하는 질문을 세 번에 걸쳐서 합니다. 너는 나를 사랑하느냐, 하고요.

누구를 사랑하는가. 우리를 성찰하게 하고 단단하게 하는 질문입니다. 우리는 누군가를, 무엇인가를 사랑할 때 스스로 제 존재를 돌아보며 내 마음이 바라보는 그 방향으로 나아가게 되기 때문입니다. 예를 들어 여러분이 사랑하거나 존경하는 사람이 있다면 그와 함께하려고, 그와 비슷해지려고 애쓰게 되지 않겠습니까? 나는 그 사람처럼 선한 사람인가? 지혜로운 사람인가? 사람들을 배려할 줄 아는가? 하며 스스로를 돌아보고 더 나은 사람이 되고자 노력하겠지요.

우리는 많은 행동을 무의식적으로 합니다. 하지만 그 무의식적인 행동의 이면은 무수한 선택의 축적분으로 이루어진 의식적인 행동입니다. '씨 뿌리는 사람의 비유'(마르 4, 1-9)가 이를 아주 적절히 잘 설명해줍니다. 좋은 땅에 떨어져 싹이 나

** 염철호 편역,『길 진리 생명 해설 성경 신약편』, 성바오로출판사, 2020, 134쪽 참조.

고 자라고 열매를 맺으면 어떤 것은 서른 배, 어떤 것은 예순 배, 어떤 것은 백 배의 열매를 맺습니다. 그러나 돌밭이나 가시덤불 속에 떨어지면 뿌리를 내리지 못하고 말라버려 열매를 맺지 못합니다.(마르 4,3-7)

우리의 마음 밭도 이와 비슷합니다. 그래서 우리는 좋은 선택을 무수히 쌓아서 내 마음 밭을 비옥하게 만들고, 그로 인해 좋은 방향, 선한 방향으로의 무의식적인 움직임이 나오도록 해야 합니다. 사실 그것은 대부분 나의 삶에 대한 결과로 드러납니다. 간혹 범죄를 저지른 사람의 행위를 우발적인 것으로 말하기도 하지만, 일상에서 우발적인 행동은 그리 많지 않다고 봅니다. 그 우발적인 행동이 바로 수많은 의식적 선택의 축적분에서 비롯된 무의식적인 행동이니까요.

그렇기에 누구를 사랑하는가, 무엇을 사랑하는가, 하는 질문은 좋은 선택을 무수히 쌓는 데 길잡이가 되어줄 수 있습니다. 내가 사랑하는 존재가 선한 것, 좋은 것을 향한다면 자연스럽게 나도 내 마음을 따라서 보다 좋은, 나은 선택을 하게 될 것이기 때문입니다. 이 '누구를 사랑하는가'라는 질문과 이에 대한 답이 예수를 모방하고 따르려는 열망이었고, 이것이 교회 역사상 수많은 수도회가 생겨난 이유이기도 합니다. 이 사실을 생각해볼 때 오늘날에는 '누구를 사랑하는가'에 대한 물음과 답이, 더 나은 존재로의 열망이 내 안에, 교회 공동체와 우리 사회에 있는가 자문해봅니다.

이제 예수가 베드로에게 물었던 그 질문을 다시 마주해봅니다.

요한의 아들 시몬아, 너는 나를 사랑하느냐? (요한 21, 17)

26

두려워하지 마라.

Noli timere.

놀리 티메레

— 루카 5, 10

현대 세계는 인간이 선함을 지향하고 사랑하는 데 많은 어려움이 있습니다. 타인의 실패와 아픔에 공감하는 것에도 마찬가지이지요. 그래서 인간은 외적 환경 탓에 악해진다고 생각하기도 합니다. 실제로 우리를 둘러싼 외부 환경의 영향이 작지 않고, 이것은 분명히 무시할 수 없는 요인입니다. 하지만 복음은 인간은 경험과 환경의 영향을 받기도 하지만 근원적으로 자신의 욕망과 선택으로 악해진다고 말합니다. 여기에 마르코복음은 나쁜 선택에 대한 흥미로운 목록을 제시합니다.*

사람에게서 나오는 것, 그것이 사람을 더럽힌다. 안에서 곧 사람의 마음에서 나쁜 생각들, 불륜, 도둑질, 살인, 간음, 탐욕, 악의, 사기, 방탕, 시기, 증상, 교만, 어리석음이 나온다. (마르 7, 20-22)

그렇다면 좋은 선택을 어렵게 하는 것은 무엇일까요? 마르코복음이 제시한, 사람에게서 나오는 나쁜 것들 중 교만과 어리석음이 그중 하나일 겁니다. 저 자신을 돌아보면 타인이 나를 온전히 그대로 받아주기를 원하면서 정작 나는 나 자신을 그렇게 받아들이고 있는가, 생각해볼 때 자신 있게 그렇다고 대답할 수 없었습니다. 그런데 이 같은 걸림이 어디에서 오는 걸까, 자문해보니 그것은 제 교만과 어리석음에서 출발할 때가 많았습니다.

이런 스스로와 마주하면 '고기잡이 기적―어부들을 제자로 부르시다'(루카 5, 1-11) 이야기에서 베드로가 한 것처럼 **"주님, 저에게서 떠나 주십시오. 저는 죄 많은 사람입니다."**(루카 5, 8)라고 고백하게 됩니다. 우리는 스스로 자기의 어려움

---

* C. M. 마르티니, 이재숙 옮김, 『베드로의 고백』, 성바오로출판사, 1996, 77쪽 참조.

과 문제점을 이미 알고 있지만, 그것을 인정하고 확인해야 순간이 오면 본능은 그것을 '고쳐야겠다, 성장시키겠다'라는 마음보다는 그 어려움과 문제가 나에게서 사라지기를 바라거나 애초에 없었던 것처럼 생각할 때가 더 많습니다. 이것 역시 인간 내면 깊숙한 곳에 자리하고 있는 유혹입니다.

그러나 우리는 우리 안에 있는, 마주하고 싶지 않은 우리 자신의 모습과 조우해야 합니다. 물론 그것은 잔인하리만큼 고통스러운 시간과 기억을 들추는 일이 될 수 있습니다. 하지만 우리가 그것과 마주하는 이유는 단순히 과거의 시간과 기억에 머물고자 하는 것이 아니란 것을 압니다. 그렇기에 우리는 깊은 데로 가지만, 이것은 다시 밖으로 나오기 위함입니다.

만선의 기쁨이 가득한 어선이든 한 마리도 못 잡아 허탈함이 가득한 어선이든, 배는 바다 한가운데에 영영 머물지 않고 반드시 항구로 돌아오게 마련입니다. 오늘 고기를 못 잡았다고 해서 내일의 고기잡이를 포기하는 어부는 없을 겁니다. 첫 시작은 바로 깊은 데로 가는 것입니다.

그가 우리에게 말합니다.

두려워하지 마라. (루카 5, 10)

운명은 원하는 사람은 이끌어주지만,

싫어하는 사람은 끌고 갑니다.

Ducunt volentem fata, nolentem trahunt.

두쿤트 볼렌템 파타, 놀렌템 트라훈트.

— 세네카, 『도덕서한Epistulae morales』, 107, 11, 5

27

내가 거룩하니
너희도 거룩한 사람이 되어야 한다.

Sancti eritis, quoniam ego sanctus sum.

산크티 에리티스, 쿼니암 에고 산투스 숨.

— 1베드 1, 16

베드로 서간에 나오는 '거룩한 사람이 되어라'라는 표현은 레위기의 내용을 함축적으로 인용한 것입니다. 이스라엘 백성이 시나이 광야에 도착한 후 3개월이 되었을 때, 모세는 산에 올라가 주님께서 하시는 말씀을 듣습니다.

> 나, 주 너희 하느님이 거룩하니 너희도 거룩한 사람이 되어야 한다. (레위 19, 2)

이 말은 우리가 우리 자신을 거룩하게 대하면 거룩한 것으로 대할 것이고, 거룩하게 대하지 않으면 거룩하지 않은 것으로 대할 것이라는 말로 해석될 수 있습니다.[*] 우리 각자 안에는 우리가 생각하는 것보다 훨씬 심오하고 오묘한 신성이 깃들어 있습니다.

이 글을 쓰면서 초등학교 입학 전후에 처음 성경을 접했던 시절이 떠올랐습니다. 그때는 해마다 여름이 되면 한 무리의 아이들이 개신교 교회에서 열리는 여름성경학교에 가자고 북을 치며 돌곤 했습니다. 교회 예배당이 어린이들로 가득 차던 시절이었지요. 그 시절 수난 주간(천주교의 사순 시기)이 다가오면 교회에서 연극을 했는데, 한번은 닭이 울기 전 베드로가 스승인 예수를 세 번 배반하는 내용의 연극을 했었어요. 그 당시 초등학교 1학년이었던 저는 베드로 역을 맡아서 예수님을 세 번 모른다고 하다가 닭 울음소리를 듣고 대성통곡을 해야 했는데, 실제로 무대 위에서 베드로가 되어 무릎을 꿇고 손으로 바닥을 치며 통곡했던 기억이 있습니다.

연극이 끝나고 제 눈가에는 여전히 눈물이 맺혔는데, 교회

---

[*]   베네딕 샨크, 아로이스 스퇴거, 윌헬므 튀싱, 에두아르드 쉬크 지음, 강영훈, 원종욱 옮김, 『신약성서 영적독서를 위한 베드로 전·후서, 요한 1·2·3서, 유다서, 요한 묵시록』, 성요셉출판사, 1991, 37-38쪽 참조.

전도사님이 다가와 참 잘했다고 하시며 과자가 잔뜩 담긴 비닐봉지를 내미셨어요. 그 순간 눈물은 쏙 들어가고 금세 환한 얼굴이 되어 다른 아이들과 같이 과자를 아주 맛있게 먹었던 기억이 납니다. 지금 생각해보면 참 평범한 아이였지요. 그랬던 아이가 지금 이렇게 성경 말씀을 묵상하며 글을 쓰고 있습니다. 이런 모습을 누가 상상이나 했겠습니까.

나는 내가 생각하는 것보다, 우리는 우리가 생각하는 것보다 훨씬 더 심오하고 신성한 무언가를 가지고 있습니다. 그것이 우리를 거룩하게, 거룩한 사람이 될 수 있도록 도와줍니다. 그러나 이러한 생각과 희망은 앞서 이야기한 것처럼 이내 "주님, 저에게서 떠나 주십시오. 저는 죄 많은 사람입니다"라고 고백할 만큼 스스로 무너질 때가 많습니다.(루카 5, 8) 좋은 마음을 가지고 좋은 생각을 하려고 하지만 내 안에 있는 어둠에서 벗어나기가 힘든 것이죠.

그러나 그 어둠에서 나와야 합니다. 거룩한 사람이 되기까지는 과거에 속하려는 나와 새로운 길을 가려는 나 사이에서 끊임없는 갈등과 몸부림을 겪기 마련입니다. 우리 안에 있는 신성함은 그 자체로 빛나는 것이 아니라 이러한 과정을 통해 드러납니다. 지금 **나의 모습이 전부가 아닙니다. 나에게는 나도 모르는 신성한 모습이 있습니다.** 우리의 여정은 그 모습을 찾아가고 발견해가는 것입니다.

요한복음서에는 '찾다'라는 동사가 모두 스물일곱 번, 거의 모든 장마다 나옵니다. 이렇게 요한복음서에는 무엇인가를 찾는 인간의 모습이 다양하게 소개됩니다.[*] 인간은 찾는 존재입니다. 우리는 온전히 우리 각자에게 맡겨진, 우리 각자의 신성함을 찾아나가야 합니다.

그 길에서 **그가 우리에게 말하는 것은 이것입니다.**

내가 거룩하니 너희도 거룩한 사람이 되어야 한다.

(1베드 1, 16)

---

[*] 송봉모, 『삶의 우물가에 오신 말씀』, 바오로딸, 2011, 29쪽 참조.

겁을 많이 집어 지쳤으면서도
"허수고야" 하고 너는 말하지 않았다.

(이사 57,10)

28

나는 아니오.

Non sum.

논 숨.

— 요한 18, 17

시몬 베드로와 다른 한 제자가 붙잡혀 가는 예수를 따라서 대사제의 저택 안뜰까지 들어갑니다. 이때 베드로는 대문 밖에서 있었는데, 대사제와 친분이 있는 다른 제자가 나와서 문지기 하녀에게 말하여 베드로를 데리고 들어가지요. 그때 문지기 하녀가 "당신도 저 사람의 제자 가운데 하나가 아닌가요?" 하고 묻자, 베드로가 "나는 아니오"라고 답합니다.(요한 18, 15-17 참조)

그 이후로도 베드로는 두 번이나 "나는 아니오"라고 말합니다. "주님을 위해서라면 저는 목숨까지 내놓겠습니다"(요한 13, 37)라고 하고, "모두 스승님에게서 떨어져 나갈지라도, 저는 결코 떨어져 나가지 않을 것입니다"(마태 26, 33)라고 말했던 베드로의 부인과 배반을 어떻게 보아야 할까요? 그의 경솔함과 신의 없음을 탓해야 할까요?

베드로의 배반은 모든 복음서에 기록되어 있습니다.(마르 14, 27-31; 마태 26, 31-35; 루카 22, 31-34; 요한 13, 36-38) 그 가운데 베드로가 스승을 배반한 사실을 처음 알려준 것은 마르코 복음입니다. 마르코는 베드로가 영적 아들이라 부르며 아끼던 젊은이였습니다.(1베드 5, 13) 베드로의 통역사이자 비서로 일했던 마르코가 베드로가 스승을 배반한 내용을 구체적으로 기술할 수 있었던 것은, 베드로 스스로 자신의 배반 사실을 솔직히 기술하도록 했기에 가능했을 겁니다. 이에 대해 성경 주석서들은 베드로가 솔직하게 자신의 허물을 드러낸 이유에 대해 주님의 자비와 용서를 강조하고, 자기처럼 넘어져서 괴로워하는 이들에게 주님의 자비와 용서를 전하고자 함이라고 말합니다.[*]

---

[*] 송봉모, 『우리는 그분의 영광을 보았다』, 바오로딸, 2022, 77-79쪽 참조.

〈베드로의 부인(否認)〉, 안톤 로버트 라인베버, 14×8.9cm, 1921년 이전,
미국 보스턴미술관

스승님, 저는 아니겠지요? (마태 26, 25)

"나는 아니겠지요." 제자들도 호시절에는 이렇게 말했습니다. 이 이야기 앞에서 우리를 돌아봅니다. 관계가 좋고 상황이 좋을 때는 어떤 어려움이라도 함께해줄 것 같은 사람들이 있습니다. 하지만 실제 어려움이 닥치면 함께해줄 것 같은 사람보다 전혀 생각지도 않은 사람이 곁을 지켜줄 때가 있습니다. 전자에 속하는 이들 대부분은 악해서가 아니라 약하기 때문이고, 인간이란 무릇 약한 존재이지요. 그러니 목숨이 위험한 상황에서 스승을 배반한 베드로를 마냥 질타할 수 있을까요? 개인적으로 저는 베드로가 붙잡혀 가는 예수를 따라 대사제의 저택 안뜰까지 들어간 일 자체만으로도 용기 있는 놀라운 행동이라고 생각합니다.

저는 통념이 참 많은 사람입니다. 통념뿐만 아니라 두려움도 많습니다. 아주 작은 일이 안 되어 조급해하고 초조해할 때도 많습니다. 특히 곤란에 처했을 때, 누군가가 도움을 청할 때 그 대상이 내가 아니기를 바란 적도 많습니다. 그 탓에 그런 저의 소심함과 용기 없음을 자책한 날이 많았습니다. 그러나 한편으로는 한 개인이 왜 영웅적인 행위를 강요받는 선택의 상황에 놓여야 하는지 반문이 들기도 합니다. 평범한 삶을

144

이어가는 소시민에게 큰 결단이 필요한 선택을 계속해서 요구하는 공동체와 사회는 바람직하지 않다고 생각합니다. 저만해도 대단히 도덕적이거나 영웅적인 인물이 아니거니와, 그런 사람이어야 할 이유도 없습니다. 저는 그저 소심한 개인주의자일 뿐입니다.

만약 개인이 선택하기 어려운 것을 계속해서 선택하도록 하는 상황이 저에게 온다면 저도 베드로처럼 "나는 아니오"라고 말할 것 같습니다. 자신의 목숨을 걸어 타인을 위험에서 구하는 영웅적인 행위를 칭송할 수는 있지만 그런 일이 반복되는 사회는 원하지 않습니다. 신앙과 도덕은 그렇게 해야 한다고 가르칠 수 있지만 사회는 그래서는 안 된다고 생각합니다. 그래서 간음하다 걸린 여인에게 우리 가운데 그 누구도 돌을 던질 수 없는 것처럼, 베드로의 "나는 아니오"라는 말에도 그 누구도 돌을 던질 수 없다고 생각합니다. 단지 그 순간, 그 상황에 내가 없었을 뿐입니다.

공부든 삶이든 사랑이든, 용기를 시험해볼 기회는 많지만 무엇에 용기를 내고 희망을 걸어야 할지는 여전히 질문으로 남습니다. 이 모든 물음에 무작정 용기만으로 나아간다면 그것은 무모한 만용이자 희망 고문이 될 수 있습니다. 우리는 용기를 내야 할 일에 용기를 내야 하고, 살아갈 일에 살아가야 합니다. '존재하고, 살아가고, 이해하는esse, vivere, intelligere, 에쎄, 비베레 에트 인텔리제레' 존재인 인간은 '존재하고, 살아가고, 식별하는esse, vivere, discernere, 에쎄, 비베레 에트 디쉐르네레' 존재입니다.

인생은 세 시기로 나뉜다. 있었던 것, 있는 것, 있을 것. 이 가운데 우리가 하고 있는 것은 짧고, 우리가 하려고 하는 것은 의심스럽고, 우리가 이미 한 것은 확실합니다.

In tria tempora vita dividitur, quod fuit, quod est, quod futurum est. ex his quod agimus breve est, quod acturi sumus dubium, quod egimus certum.

인 트리아 템포라 비타 디비디투르, 쿼드 푸이트, 쿼드 에스트, 쿼드 푸투룸 에스트. 엑스 히스 쿼드 아지무스 브레베 에스트, 쿼드 악투리 수무스 두비움, 쿼드 에지무스 체르툼.

— 세네카, 『인생의 짧음에 대하여De Brevitae Vitae』, 10, 10, 2

이미 있었던 것, 있는 것, 앞으로 있을 것 가운데 우리 내면 깊숙한 곳에서 마치 봄날의 아지랑이처럼 살랑이는, 보일 듯 보이지 않는 그 무엇을 찾는 것. 나의 용기를 시험해볼 기회로 삼아야 할 일이 바로 그것이고, 이 과정이 곧 '식별'입니다. 이것이 모든 공부의 시작입니다. 물음과 식별 없이 무작정 앞으로 나아가는 것은 무모한 용기입니다. 인생에서의 식별은 자기 내면에 자리 잡은 본뜻이 무엇인지 알아보는 데서부터 시작합니다. 이것이 곧 마음을 보는 과정입니다.

29

말씀이 사람이 되시어
우리 가운데 사셨다.

Et Verbum caro factum est et habitavit in nobis.

에트 베르붐 카로 팍툼 에스트 에트 하비타비트 인 노비스.

— 요한 1, 14

신앙생활을 하는 신자들은 종종 '말씀이 좋다', '강론이 좋다', '설교가 좋다'라는 이야기를 하곤 합니다. 어느 목사님의 말씀이 좋아서 그 목사님이 있는 교회에 나가기도 하고 말씀이 좋지 않아서 나가지 않기도 하지요. 그래서 좋은 설교나 강론은 그 말씀을 하는 성직자에 대한 신뢰로 이어지기도 합니다. 그만큼 누군가의 좋은 말씀은 사람들에게 영향을 미치는 법입니다.

성경의 요한복음 1장 14절에는 "말씀이 사람이 되시어 우리 가운데 사셨다"라는 구절이 있습니다. 여기에서 "우리 가운데 사셨다"라고 번역한 부분의 원문은 '에스케노센^{εσκηνωσεν}'으로, 이를 글자 그대로 번역하면 "우리 가운데 천막을 치셨다"입니다. 이때 여기에 쓰인 천막은 하느님께서 거처하시는 천막을 암시하기도 합니다.(탈출 40, 34-35; 1열왕 8, 10-13)[*] 그렇다면 말씀이 사람이 되었다는 것, 말씀이 우리 가운데 사셨다는 것은 어떤 의미일까요?

예수는 말과 행동이 다른 율법학자들과 바리사이들을 경계하라고 말합니다.(마태 23, 2-3) 그는 제자와 군중에게 율법학자와 바리사이들이 말하는 것은 실행하고 지켜야 하지만 그들의 행실만은 따라 하지 말라고 경고하지요. 그들이 말만 하고 실행하지 않기 때문입니다. 예수는 그런 그들의 모습을 무겁고 힘겨운 짐을 다른 사람들 어깨에 올려놓고 정작 본인들은 손가락 하나 까딱하지 않는 것으로 그립니다. 그래서 예수는 "잘 들어라. 너희가 율법학자들이나 바리사이파 사람들보다 더 옳게 살지 못한다면 결코 하늘나라에 들어가지 못할 것이다"라고 말합니다.(『공동번역』, 마태 5, 20)

---

[*] 염철호 편역, 『길 진리 생명 해설 성경 신약편』, 성바오로출판사, 2020, 330쪽 참조.

요한의 표현에 따르면 '하느님의 말씀'은 진리입니다.(요한 17, 17) 예수는 그 말씀을 지켰고(요한 8, 55), 제자들에게도 그 말씀을 들려주며 지키도록 했습니다. '말씀이 사람이 되셨다'라는 구절의 의미는 여러 방향으로 해석할 수 있지만, 표현 그대로 자신이 한 말을 그대로 지키고 살았다는 의미로 이해할 수도 있을 겁니다. 어쩌면 초기 그리스도교 공동체는 자신이 한 말을 자기 삶으로 보여주는 청년 예수에게서 신의 모습을 보았을지도 모릅니다. 그래서 당대에 예수는 그를 따르는 사람들로부터 신으로 추앙받을 수 있지 않았을까 생각해봅니다.

어쨌든 우리는 이 이야기에서 예수가 **'자신이 한 말 그대로 살았다'**라는 점에 주목해봅니다. 이 말은 인간에게 바칠 수 있는 최고의 헌사이자 영예라고 생각합니다. 그래서 "말씀이 사람이 되시어 우리 가운데 사셨다"라는 구절은 신약성경의 수많은 아름다운 문장 중에서도 실로 엄중하고도 위대한 구절이고, 전 세계 신앙인에게 가장 큰 도전의 말이기도 합니다. 신앙의 내용을 몸으로 살아내는 일은 어느 시대, 어느 세대 할 것 없이 어려운 일이었지만 특히 지금 시대는 또 다른 의미로 도전받고 있습니다.

다시 한번 우리 시대에 "말씀이 사람이 되시어 우리 가운데 사셨다"라는 구절의 의미를 생각해봅니다. 그것은 성경의 율법과 예언서*의 정신을 되새기는 것일 겁니다. 율법과 예언서는 우리에게 많은 것을 이야기하고 있지만 그중에서도 "남이 너희에게 해주기를 바라는 그대로 너희도 남에게 해주어라"(마태 7, 12)라고 가르칩니다. 이는 우리가 어렸을 때부터 익숙히 들어온 이야기입니다만, 실제로 우리 중에 그리 사는 사람이 얼마나 있겠습니까?

그래서 성경의 가르침은 때로 우리의 마음을 아주 무겁게 합니다. 이때 성경 말씀이 우리 마음에 무겁게 다가온다는 것은 그만큼 나 자신이 그 말씀대로 살지 못하고 있다는 방증일 것입니다.

하지만 말씀은 바로 그 무거운 마음에 자리할 겁니다. 다만 이때 이 무거운 마음은 가진 것이 많아 가진 것을 팔아 가난한 사람들에게 주고 나를 따르라는 예수의 말에 울상이 되어 슬퍼하며 떠나간 사람이 가졌던 무거운 마음과는 다른 무거운 마음입니다.(마르 10, 17-22 참조) 후자의 것이 내가 가진

---

* 그리스도교는 구약성서의 창세기, 출애굽기, 레위기, 민수기, 신명기를 모세가 기록한 모세 5경이자 율법서로, 여호수아, 판관기, 사무엘, 열왕기, 이사야서, 예레미야서 등을 예언서로 본다. 예언서는 이스라엘인이 이집트에 붙잡히기 이전부터 바빌로니아 포로 생활을 거친 후, 거기에서 해방될 때까지인 BC 8 ~ BC 6세기에 이스라엘에 나타난 예언자들에 의하여 이루어진 것이다.

것을 놓아야 하는 것에 대한 거부감과 부담이라면, 전자의 것은 말씀대로 살지 못하는 나 자신에 대한 책망과 아쉬움일 겁니다. 이때 느끼는 마음의 무게는 그 말씀, 혹은 좋은 말들이 우리 안에서 다시 살도록 하고자 함입니다. 그리고 그 마음의 무거움이 우리에게는 무언가를 새로 시작하게 하는 원동력이 되어줄 것입니다.

이스라엘 북부 나자렛에 있는 성모 영보 교회의 제대에는 "말씀이 여기에서 사람이 되셨다(Verbum coro hic factum est)"라는 문구가 새겨져 있다.

30

생명으로 이끄는 문은 얼마나 좁고
또 그 길은 얼마나 비좁은지,
그리로 찾아드는 이들이 적다.

Quam angusta porta et arta via est quae ducit ad vitam,
et pauci sunt qui inveniunt eam!

쾀 안구스타 포르타 에트 아르타 비아 에스트 쾌 두치트 아드 비탐,
에트 파우치 순트 퀴 인베니운트 에암!

— 마태 7, 14

"'모든 것이 허용된다.' 하지만, 모든 것이 유익하지는 않습니다. '모든 것이 허용됩니다.' 그러나 모든 것이 성장에 도움이 되지는 않습니다." 코린토 신자들에게 보낸 첫째 서간 10장 23절의 말씀입니다. 그런데 이 비슷한 내용이 해당 서간의 6장 12절에도 나옵니다.

"나에게는 모든 것이 허용된다." 하지만, 모든 것이 유익하지는 않습니다. "나에게는 모든 것이 허용됩니다." 그러나 나

는 아무것도 나를 좌우하지 못하게 하겠습니다. (1코린 6, 12)

이 성경 구절은 바오로의 윤리관을 요약하는 중요 개념 가운데 하나인데, 무엇을 금지하고 무엇을 허용하는가에 대해 밝히는 것이 아니라 '유익'에 대해 말하는 부분입니다. 바오로가 말한 유익의 기준은 바로 '인간의 성장'입니다.

이 성경의 내용과 비슷한 로마법의 법언도 있는데요.

허용된 것이 모두 정직한(존경받을 만한) 것은 아니다.

Non omne quod licet honestum est.

논 옴네 쿼드 리체트 호네스툼 에스트.

— 『학설휘찬(학설모음집)』 50, 17, 144

무엇이 허용되는지뿐만이 아니라 무엇이 존경받을 만한가도 고려되어야 한다.

Non solum quid liceat considerandum est, sed et quid honestum sit.

논 솔룸 쿼드 리체아트 콘시데란둠 에스트, 세드 에트 쿼드 호네스툼 시트.

— 『학설휘찬』 23, 2, 42

로마법의 이 법언은 법이 허용하는 것이 모두 도덕적으로 옳은 것은 아님을 이야기합니다. 여기에 성경은 한 걸음 더 나아가 할 수 있는 모든 것, 허용된 모든 것이 꼭 유익한 것은 아니라고 말하고 있지요.

성경은 넓은 문과 좁은 문이라는 두 가지 길, 두 가지 문을 비유하여 인간의 성장에 유익한 길을 제시합니다. 마태복음 7장 13-14절은 이렇게 이야기합니다. '멸망으로 이끄는 문'은 넓은 문이고, '생명으로 이끄는 문'은 좁은 문이라고요. 그것은 마치 "보아라, 내가 오늘 너희 앞에 축복과 저주를 내놓는다"라는 신명기 11장 26절의 말씀처럼, 어떤 길이 인간에게 유익이 되는 축복의 길인지를 묻고 있는 듯합니다.

유대 전통은 율법을 '주고스ζυγός, 유금iugum'이라 하여 '멍에'라고 표현하곤 했는데, 실제로 율법의 대부분은 사람이 원하는 것이 무엇이든지 마음대로 하도록 내버려 두지 않습니다. 하지만 율법의 존재 이유는 사람들을 통제하고 억누르는 데 있는 것이 아닙니다. 'iugum'이라는 단어는 산스크리트어에서 유래한 말로, 멍에라는 뜻 외에도 '부부의 유대, 저울, 천칭'이라는 뜻이 함께 내포되어 있습니다. 즉, 율법은 인간이 옳고 그름을 알고 올바른 길로 가도록 도와주는 저울과 같은 역할도 하는 것이지요.

분명 멍에는 무겁고 그만큼 선뜻 지고 가기 어렵습니다. 그래서 우리는 남들이 쉽게 선택하는 길, 대다수 사람이 가는 길을 선택하게 됩니다. 어찌 보면 그것이 자연스러운 인간의 본성입니다. 그러나 성경은 인간의 본성을 거슬러 '좁은 문'으로, '좁은 길'로 들어가라고 말합니다. 이것을 오늘날의 어법으로 말한다면 "왜 그렇게 힘들게 사냐, 좀 쉽게 살지"라는 말의 반대편에 있는 **'쉬운 선택을 하지 않는 것'**이라고 말할 수 있습니다.

쉬운 선택을 해서 삶이 나아진다면 그렇게 하면 됩니다. 하지만 쉬운 선택으로 삶이 나아지지 않는다면 다시 생각해 봐야 합니다. 무언가를 이루어낸 사람들이 거기에 이르는 과정을 살펴보면 쉬운 길을 선택한 경우보다 쉽지 않은 선택을 했을 때 작은 것이라도 이루었음을 보게 됩니다. 우리에게는 이 사실을 머리로는 알지만 모른 척하고 싶어 하는 마음이 있습니다. 왜일까요? 무겁고 힘들고 어렵기 때문입니다. 쉬운 선택을 할 때는 마음의 갈등이 덜하지만 쉽지 않은 선택은 본능적으로 밀어냅니다. 그리고 스스로 합리화합니다. 하지만 사실은 자기 자신을 속이는 겁니다.[*]

[*] 한동일, 『한동일의 공부법 수업』, 흐름출판, 2023, 180~185쪽 참조.

자신을 속이지 않는 연습이야말로 쉬운 선택을 하지 않는 나를 만들어가는 방법입니다. 거기에서 더 나아가면 '좁은 길'과 '좁은 문'으로 걸어가고 있는 나 자신을 발견할 수 있습니다. 그렇게 우리는 남들이 보기엔 아무것도 아닌 그 한 줄을 위해 달려왔고 지금도 달리고 있습니다.

누구나 "나는 무슨 일이든지 할 자유가 있다" 하고 말할 수 있지만 무슨 일이든지 다 유익한 것은 아닙니다. "나는 무슨 일이든지 할 자유가 있다" 하고 말할 수 있지만 모든 것이 다 사람에게 도움이 되는 것은 아닙니다.

저의 지난날을 돌아보면 제게도 **유혹의 힘은 너무 강했고, 그 유혹 뒤에 찾아온 자책은 그것보다 훨씬 더 강하고 무거웠습니다.** 이것은 저뿐만이 아니리라 생각합니다. 우리 모두 이 마음을 안고서 좁은 길로 들어가길 희망해봅니다.

31

더러운 영이 사람에게서 나가면,
쉴 데를 찾아 물 없는 곳을 돌아다니지만
찾지 못한다.

Cum autem immundus spritus exierit ab homine,
ambulat per loca arida quaerens requiem et non invenit.

쿰 아우템 임문두스 스피리투스 엑시에리트 압 호미네,
암불라트 페르 로카 아리다 쾌렌스 레퀴엠 에트 논 인베니트.

— 마태 12, 43

"그곳에서는 사막 짐승들이 늑대들과 만나고 염소 귀신들이
서로를 부르리라. 도깨비도 그곳에 쉬면서 안식을 얻으리라."
이사야서 34장 14절의 말씀입니다. 고대 사람들은 악마가 사
람이 살 수 없는, 물 없는 황량한 사막 같은 곳에 살지만 사람
속에서 살기를 더 선호한다고 생각했습니다.[*] 더러운 영이 사
람에게서 나간 뒤, 쉴 데를 찾아 물 없는 곳을 찾아 돌아다닌

[*] Cf. Direzione editoriale di Alfio Filippi, *La Bibbia di Gerusalemme*, p. 2345.

다는 말은 이런 의미입니다. 그런데 이것이 쉴 곳을 찾지 못하고 결국 자기가 나온 집(사람)으로 다시 돌아가는데, 그 집이 잘 정돈되어 있으면 다시 나와 자기보다 더 악한 영 일곱을 데리고 들어가 그 집은 처음보다 더 나빠진다고 말합니다.

저는 이 복음 말씀을 묵상하면 우리 안에 있는, 더 좋게 변화하고자 하는 의지, 삶이 더 나아지고 싶다는 바람이 이와 비슷하지 않은가 생각할 때가 있습니다. 가끔 좋은 강연을 듣고 좋은 책을 읽으며 변화를 다짐하는 사람들을 봅니다. 그때의 다짐은 진심이고 진짜라고 생각합니다. 그런데 그 이후 그들의 삶이 이전보다 나아지는 것이 아니라 때로는 더 피폐해지는 경우를 봅니다. 그렇다면 이전에 제가 마주한 그들의 결심은 진심이 아니었을까요? 아니요, 진심이었을 겁니다. 다만 저는 강연이나 책은 일종의 침鍼과 같다고 생각합니다.

책은 침이다.

Liber est scalpellum.

리베르 에스트 스칼펠룸.

"우리가 읽는 책이 우리 머리를 주먹으로 한 대 쳐서 우리를 잠에서 깨우지 않는다면, 도대체 왜 우리가 그 책을 읽는 거지? 책이란 무릇, 우리 안에 있는 꽁꽁 얼어버린 바다를 깨뜨려버리는 도끼가 아니면 안 되는 거야."

— 1904년 1월, 카프카, '저자의 말', 『변신』 중에서*

인간은 한 번의 큰 깨달음으로 이전과는 아주 다른 사람으로 완벽히 탈바꿈할 수도 있지만 사실 그런 일이 일어나기는 매우 어렵습니다. 그리고 이때 책, 방송, 신문, 영화, 라디오 등의 매체도 인간을 바꾸는 요인이 되기도 하는데 그중에서도 책만 한 것은 없습니다.

책이란 잠든 감성과 지성을 깨우는 침과 같습니다. 다만 병이 오래되지 않은 병은 몇 번의 침으로 나을 수도 있지만 병이 오래되면 오래될수록 침 몇 번으로는 나을 수 없는 것처럼, 책이나 강연도 그와 같습니다. 좋은 책과 강연은 분명히 내 안에 보이지 않던 것들을 보게 하지만 그것 자체가 주는 효과는 짧습니다. 어떤 책을 읽고, 어떤 강연을 듣고 느꼈던 희열과 뜨거움은 일상의 유혹 앞에서 너무나 쉽게 무너지지요. 결국 그 효과를 지속시키는 것은 나 하기에 달렸습니다.

이것은 신앙생활도 마찬가지입니다. 예수의 제자 중 두 사

* 박웅현, 『책은 도끼다』, 인티N, 2023, '저자의 말' 인용.

람이 스승과 이야기를 주고받았던 일을 기억하며 그때의 감흥을 이렇게 표현합니다. "길에서 우리에게 말씀하실 때나 성경을 풀이해주실 때 속에서 우리 마음이 타오르지 않았던가!"(루카 24, 32) 우리도 이들이 했던 것 같은 강렬한 체험을 한다고 해도 일상으로 돌아오면 다시 타성에 젖고, 그 특별한 순간에 타올랐던 마음에는 재만 남는 경우가 많습니다. 그리고 그런 자신을 마주하면 자괴감을 느낄 수밖에 없지요. 하지만 이는 지극히 정상적인 일입니다. 그 이유는 **생각이 바뀌었다고 몸까지 바뀐 것은 아니기 때문**입니다. 그래서 회심이 어렵습니다. 생각이 아니라 몸이 바뀌어야 하니까요.

몸이 하는 힘.

아마도 모두 중·고등학교 시절에 시험을 앞두고 조금만 자고 일어나서 새벽에 공부하겠다고 마음먹고 잠들었다가, 다음 날 등교 시간 직전에 일어나 허둥지둥 학교에 가면서 자책했던 경험이 있을 겁니다. 생각은 순간에 영원을 다녀오지만 몸은 그렇지 않습니다. 몸은 자세를 바꿔야 바뀝니다. 그렇지 않으면 이전에 있던 악한 것 하나보다 더 많은 악한 것이 내 안에 들어와 자리 잡게 될 것입니다. 누군가의 끝이 이전보다 더 나빠졌다고 느끼게 되는 것은 이런 이유입니다. 그러나 거기에서 멈추면 정말 그것으로 끝이지만 거기에 멈추지 않으면 그것으로 끝이 아닐 수 있습니다. 우리가 꼭 기억해야 하는 사실입니다.

32

너희가 기도하며 청하는 것이 무엇이든
그것을 이미 받은 줄로 믿어라.
그러면 너희에게 그대로 이루어질 것이다.

Omnia, quaecumque orantes petitis, credite quia accipietis,
et evenient vobis.

옴니아, 쾌쿰퀘 오란테스 페티티스, 크레디테 퀴아 악치피에티스,
에트 에베니엔트 보비스.

— 마르 11, 24

크레도Credo.

나는 믿습니다.

'믿는다'라는 뜻을 가진 영어 빌리브believe의 고어 벨레벤
beleven은 '사랑한다'라는 뜻입니다.[*] 반면 '믿다, 맡기다, 위탁
하다'라는 의미의 라틴어 'credo'는 '마음에 두다', '자신의 마

---

[*]　카렌 암스트롱, 이희재 옮김, 『마음의 진보』, 교양인, 2009, 491쪽 참조.

음을 신뢰하다'라는 뜻으로 '마음'을 의미하는 '고대 인도유럽어'** 'kerd'에서 파생한 단어입니다.***

저는 가끔 제자들이나 지인들로부터 어떻게 하면 공부를 잘할 수 있느냐는 질문에, 낮 동안은 스스로 자기 자신이 '천재'라고 생각하라고 합니다. 그러면 대부분 겸연쩍은 반응을 보입니다. 아무리 생각해봐도 자신은 지극히 평범한 사람인데 그런 자신이 '천재'라니요. 얼토당토않은 얘기라고 생각합니다. 그런데 내가 천재라고 남 앞에서 젠체할 것도 아니고 그냥 스스로 천재라고 마음먹는 게 뭐 어렵나요. 공부, 특히 시험을 준비하다 보면 외워야 할 엄청난 분량의 과목 앞에서 이걸 언제 다하지? 이걸 제대로 외울 수 있나? 하는 걱정이 앞설 때가 많습니다.

그런데 스스로 천재라고 생각하면, 천재인 내가 이 정도의 분량을 머릿속에 욱여넣는 게 뭐 그리 어려운 일인가 하는 오기가 발동하게 됩니다. 물론 이런 마음을 갖는다고 해서 이 내용을 머릿속에 집어넣는 일은 쉽지 않고, 쉬워지지도 않습니

** 모든 인도 유럽어의 조상이 되는 것으로 여겨지는 고대어.

*** Cf. Michiel de Vaan, *Etymological Dictionary of Latin and the other Italic Languages*, Brill 2016, p. 141; Cf. Grzegorz Tokarski, *Dizionario indoeuropeo della lingua latina*, LAS-ROMA 2016, pp. 84-85.

〈무릎 꿇고 기도하는 여인〉, 조지 헨리 버튼, 종이에 수채, 12.3×18.1cm, 1860년경,
월터스 아트 뮤지엄

다. 그러나 적어도 이 힘들고 어려운 것을 언제 다 하나 하는 탄식과 불안 속에 스스로를 방치하는 것보다는, 한번 해보겠다는 쪽으로 계속 마음을 기울이고 달래서 착수하게 만든다는 점이 다를 것입니다.

'믿는다'라는 말의 근원이 '마음에 두다', '자신의 마음을 신뢰하다'라는 뜻이라면, 복음은 우리 각자의 마음에 저마다 무엇을 두는가에 따라 그 이루어짐은 시작된다고 말합니다. "너희가 기도하며 청하는 것이 무엇이든 그것을 이미 받은 줄로 믿어라. 그러면 너희에게 그대로 이루어질 것이다"라는 말씀은 바로 그러한 뜻일 겁니다.

그러니 우리는 이제 각자 무엇을 청할 것인지 생각해보아야 합니다. 그것은 우리의 마음 밭에 어떤 씨앗을 뿌릴지에 대한 물음과도 같을 것입니다. 거기에서 나아가 내가 바라는 씨앗이 이미 나의 마음 밭에 뿌려졌다고 믿어봅니다. 그리고 이 말씀을 다시 새겨봅니다.

예전의 일들을 기억하지 말고 옛날의 일들을 생각하지 마라. 보라, 내가 새 일을 하려 한다. (이사 43, 18-19)

Ne memineritis priorum et antiqua ne intueamini.

Ecce ego facio nova.

네 메미네리티스 프리오룸 에트 안티콰 네 인투에아미니.

액체 에고 파치오 노바.

33

은총이 가득한 이여, 기뻐하여라.
주님께서 너와 함께 계시다.

Ave, gratia plena, Dominus tecum.
아베, 그라티아 플레나, 도미누스 테쿰.
— 루카 1, 28

루카복음 1장 28절은 가브리엘 천사가 갈릴래아 지방 나자렛
이라는 고을에 가서 다윗 집안의 요셉이라는 사람과 약혼한
처녀 마리아에게 건넨 인사말입니다.

은총이 가득한 이여, 기뻐하여라. 주님께서 너와 함께 계
시다.

천사가 마리아에게 전한 인사는 당시 그리스에서 인사할

때 일반적으로 사용되는 표현인 '카이레χαῖρε'인데, 이것을 대중말 라틴어로는 '아베ave'라고 번역했습니다. '카이레'의 본의미는 '기뻐하다', '기쁨 속에 있다'라고 번역할 수 있습니다.[*] 한편 라틴어 '아베'는 만날 때나 헤어질 때 쓰는 인사로 '안녕하세요'라는 뜻이지만, 이것을 묘비에 쓰게 되면 '고이 잠드소서'라는 의미가 됩니다.

로마 제국은 언어적으로 크게 라틴어권과 그리스어권으로 양분되었는데, 라틴어권은 서로마, 그리스어권은 동로마라고 불렀습니다. 종교적으로는 라틴어권을 서방교회, 그리스어권을 동방교회라고 불렀고요. 동서 로마는 정치, 종교, 문화 등 다양한 분야에서 서로에 대한 우월과 경쟁의식이 있었습니다. 한편 언어적인 측면에서 라틴어는 그리스어를 통해 부족한 어휘와 문법 등을 메웠는데, 그 뜻마저 다 수용하지는 못했습니다. 그래서 라틴어 성경은 그리스어의 온전한 의미를 담지 못할 때가 있습니다. 바로 '아베'라는 인사가 그렇습니다. 라틴어 '아베(안녕하세요)'가 그리스어 '카이레(기뻐하여라)'의 의미를 다 담지 못하는 것 같습니다.

---

[*] 염철호 편역, 『길 진리 생명 해설 성경 신약편』, 성바오로출판사, 2020, 222쪽 참조.

아베, 마리아.

안녕하세요, 마리아.

카이레, 마리아.

기뻐하세요, 마리아.

그렇다면 성경은 마리아에게 무엇을 기뻐하라고 말하는 걸까요? 그것은 바로 이 인사를 받는 당신이 '은총이 가득한 사람'이라는 사실입니다. 루카복음에서 가브리엘 천사가 처녀 마리아에게 전하는 인사, "은총이 가득한 사람이여, 주님께서 당신과 함께 계시니 기뻐하십시오"는 우리 모두에게 해당합니다.

나는 은총이 가득한 사람입니다.

우리는 모두 은총이 가득한 사람입니다.

이것이 우리가 거룩한 사람이 될 수 있는 힘입니다.

그가 우리에게 말하는 것은

은총이 가득한 사람은 **이미 받을 것을 다 받은 사람**이라는 점입니다. 이러한 인사는 나는 가진 게 하나도 없는 존재가 아니라 **다 가진 존재**라고 말하고 있습니다. 물론 현실은 부족과 결핍으로 아프지만 내가 '은총이 가득한 사람'이라는 생각 자체는 우리를 다시금 일어서게 합니다. 이 메시지가 전해지는 제일 첫 번째 대상은 그 누구보다 저 자신임을 고백합니다. 제가 가장 큰 수혜자입니다.

은총이 가득한 사람의 삶, 저는 이를 유흥식 추기경의 인터뷰에서 그 실마리를 보았습니다. 그는 교황청 근무를 마친 뒤 어떤 삶을 살겠냐는 기자의 질문에 다음과 같이 답합니다.

> "교황청 근무 이후에는 한국으로 돌아가 사람들을 만나고 사람들과 더불어 사는 데 보탬이 되는 사람이 되고 싶습니다. 그러면서 저의 죽음을 기도하면서 준비하는 것인데, 저는 웃으면서 죽고 싶습니다. 제가 이탈리아의 저명 석학의 임종에 함께 할 기회가 있었는데 그분이 죽음을 맞이하는 모습이 꼭 그랬습니다. 그분은 정말 웃으면서 돌아가셨어요. 제게 적잖은 충격을 주었습니다. 그분의 모습을 보면서 죽음이 축제가 될 수 있겠구나 싶었고, 그분의 임종 모습은 천국으로 가신 분이 아니라 천국을 이 땅으로 불러오신 분이라는 생각이 들었습니다. 그래서 그 뒤로 저도 같은 꿈을 갖게 되었습니다. 웃으면서 죽을 수 있게 해달라고요."[*]

저는 은총이 가득한 사람으로서 삶의 마지막은 이런 모습이 아닐까 생각해봅니다. 천국에 가기 위해 노력하는 존재가 아니라 천국을 이 지상에 불러오는 존재. 그러한 존재가 바로 은총이 가득한 사람일 것입니다.

나는 은총이 가득한 사람입니다.
우리는 모두 은총이 가득한 사람입니다.
이것이 우리가 거룩한 사람이 될 수 있는 힘입니다.

* 김민희 편집장, "사랑받고 인정받을 때 우리는 비로소 자신이 됩니다", 《topclass》 2023, 9(ISSUE NO.220), 97쪽 인용.

2장

더 나은 세상을 만들어갈
우리를 위하여

34

일어나 가자.

Surgite, eamus.

수르지테, 에아무스.

— 마태 26, 46

외로움이 해 질 녘 노을과 함께 밀물처럼 들이닥치면 저는 어찌할 바를 몰랐습니다. 그리고 아주 오랜 시간 그 우울감의 정체를 잘 알지 못했습니다. 그것이 호르몬이나 영양소의 불균형으로 인한 것인지, 아니면 단순한 외로움에서 기인하는 것인지, 아니면 실현되지 못한 꿈에 대한 아쉬움이나 미련 때문인지, 그것도 아니면 신경정신과적인 문제인지 제 나름대로 분석해봤지만 어느 것에도 해당하지 않는 우울감이었어요. 그런 감정이 감당하기 어렵게 밀려올 때가 있습니다.

그런데 나중에야 제가 느끼는 깊은 우울감이 **죄 없는 죽음에 대한 '연결된 고통'**이었음을 알았습니다. **신앙인에게는 세상 사람과는 다른 우울감이 있습니다.** 단계별로 분명하게 구분할 수는 없지만 각 단계의 우울이 머무는 방이 있고, 그 안에 들어설 때 어두운 밤이 찾아오듯이 고통스럽곤 합니다. 하지만 분명히 깨닫는 것은 그곳에 기도가 필요한 이들을 위해 기도하라는 목소리가 있다는 것입니다.

1999년, '야곱의 우물'을 방문했던 때를 기억합니다. 야곱의 우물은 구약성서에 등장하는 인물인 야곱이 파서 이용했다고 믿었던 우물입니다. 예수가 이 우물가에서 이민족인 사마리아 여인과 대화를 나누기도 했는데, "이 물을 마시는 자는 누구나 다시 목마를 것이다. 그러나 내가 주는 물을 마시는 사람은 영원히 목마르지 않을 것이다. 내가 주는 물은 그 사람 안에서 물이 솟는 샘이 되어 영원한 생명을 누리게 할 것이다"라고 말씀하셨다고 해서(요한 4:1-26 참조) 유대인과 기독교인 모두 중요하게 생각하는 장소입니다. 사제서품을 앞두고 부제 신분으로 홀로 성지 곳곳을 찾아다닐 때였는데 신약성경의 말씀이 파노라마처럼 그려졌습니다. 목적지에 도착해 버스에서 내렸을 때 첫눈에 들어온 풍경은 회색빛 황량함이었어요. 그 잿빛을 잠시 마음에 담은 뒤에 야곱의 우물이 있는 교회 안으로 들어가 그곳에서 침묵 가운데 기도하고 나왔습니다.

그런데 교회 입구에서 작은 실랑이가 벌어지고 있었습니다. 이슬람교도로 보이는 한 남성이 자신의 아이를 데리고 야곱의 우물이 있는 교회 안으로 들어가려 했는데, 관리자가 그를 막고 있었어요. 이유인즉, 그 남성이 이슬람교도이기 때문에 들어갈 수 없다는 거였습니다. 결국 그는 발길을 돌려야만 했는데 그의 곁에 있는 어린 아들은 한눈에도 아파 보였습니다. 상황을 짐작할 수 있었습니다. 그 남성은 야곱의 우물에 가서 아들에게 그 우물의 물을 마시게 하고, 기도함으로써 아픈 아들이 조금이라도 편안해질 수 있도록 하려 했던 것이었지요. 그러나 그의 간절한 심정은 알 바가 아니라는 듯한 관리자에 의해 출입을 거부당한 것이고요. 아이의 아버지는 우물에 들어가지 못한 대신 교회 마당에 탐스럽게 열린 청포도를 아들에게 보여주며 환히 웃었습니다.

그 모습을 보며 "선생님은 어떻게 유다 사람이시면서 사마리아 여자인 저에게 마실 물을 청하십니까?"(요한 4, 9)라는 구절이 떠올랐습니다. 그리고 인간이 서로를 구분 짓고 경계하는 모습이 2천 년 전 성경 속이 아닌 지금 바로 그 자리에서 여전히 똑같이 재현되고 있음을 봅니다. 이 모습을 지켜보며 종교적 가르침을 통한 인간의 성장은 과연 어디에 있는 것인지 스스로 반문해보게 됩니다.

야곱의 우물이 있는 교회의 그 관리자가 종교보다 아들을 낫게 하고 싶은 한 아버지의 고통을 먼저 보았다면, 그의 고통을 자신의 고통과 연결 지어 보았다면 어땠을까요? 연결된 고통이 있다면 연결된 사랑도 존재하지 않을까요? 거기에서 나아가면 연결된 성장도 존재할 겁니다. 그러나 현실은 조금의 변화도, 나아지는 기색도 없는 것만 같습니다.

> 당신께서는 힘없는 이들에게 피신처가 되어주시고
> 곤경에 빠진 가난한 이들에게 피신처가 되어주시고
> 폭우에는 피난처, 폭염에는 그늘이 되어주셨습니다.
>
> (이사 25, 4)

저 역시 제 외로움과 고통에서 눈을 들어 타인의 외로움, 아픔을 보려는 그 순간부터 저의 외로움과 아픔의 방의 크기가 작아지기 시작했습니다. 타인의 불행을 바라보며 이만하면 나는 얼마나 행복한가를 확인하게 되어서가 아니라 타인의 고통을 바라보고 듣고 이해하며 제 마음에 동질감과 공감이 일어나 그와 연결된 내 아픔이 서서히 함께 조금씩 치유되었던 겁니다.

그렇게 나는 당신을 봅니다.

그렇게 당신을 봄으로써 나를 봅니다.

여전히 눈은 무겁게 감겨오고 잠들려고 하고,

쉬려고 하는 우리에게 그분은

"일어나 가자"라고 하십니다.

35

너희는 엿새 동안 일을 하고,
이렛날에는 쉬어야 한다. 이는 너희 소와
나귀가 쉬고, 너희 여종의 아들과 이방인이
숨을 돌리게 하려는 것이다.

Sex diebus operaberis septima die cessabis ut requiescat bos et
asinus tuus et refrigeretur filius ancillae tuae et advena.

섹스 디에부스 오페라베리스 셉티마 디에 체싸비스 우트 레퀴에스카트
보스 에트 아시누스 투우스 에트 레프리제레투르 필리우스 안칠래 투애
에트 아드베나.

— 탈출 23, 12

중세 시대에 모든 조합은 노동 규약과 생산 규약을 가졌는데,
상점이나 작업장의 개점 시간, 노동 시간(일반적으로 하루 10시
간), 휴무일과 임금이 노동 규약으로 규정되었습니다. 그럼 노
동자의 휴일은 중세와 현대 가운데 어느 시대가 더 많았을까
요? 노동자의 권리가 한층 더 보장된 현대가 더 많을 것 같지
만 휴일은 현대보다 중세 시대에 더 많았습니다. 중세에는 교
회의 축제일을 휴무일로 지정했는데 축제일이 아주 많았기
때문입니다.* 실제로 부활절이 다가오면 사람들은 종교적인

의미뿐만이 아니라 연휴가 시작되어 좋아했습니다.

휴일과 관련해서 개인적인 경험을 하나 공유하자면, 이스라엘을 여행할 때는 가방에 간단한 먹을거리와 음료를 가지고 다니는 것이 좋습니다. 그 이유는 종교마다 휴일이 다르기 때문입니다. 가령 이슬람교는 금요일, 유대교는 토요일, 그리스도교는 일요일(주일)을 쉬기 때문에 상점이나 식당도 각자 주인의 종교에 따라 휴무일이 달라집니다. '쉼'과 관련하여 "너희는 엿새 동안 일하고, 이렛날에는 쉬어야 한다"라는 일주일 기준에 근거한 안식일은 이스라엘의 매우 독특한 제도입니다. 고대 근동에서 어느 특정일이나 특정한 해에 일하지 않는 것은 매우 오래된 관습이라고 합니다.

그런데 쉬어야 하는 이유가 마음에 와닿습니다. 성경은 휴일이 있는 이유가 '너희 소와 나귀가 쉬고, 너희 여종의 아들과 이방인이 숨을 돌리게 하려는 것'이라고 말합니다. 다시 말해 나보다 약한 존재에게 숨 돌릴 시간과 여유를 주기 위해 쉬어야 한다는 이야기입니다. 이 점이 인상 깊게 다가옵니다. 사실 회사나 조직에서 윗사람이 쉬지 않으면 아랫사람은 쉬기도 어렵고 쉬어도 쉬는 게 아닌 경우가 많습니다.

＊　한동일, 『법으로 읽는 유럽사』, 글항아리, 2018, 351쪽 참조.

2019년 요르단강 서안 지구에 머물고 있을 때 한국에 있는 지인에게서 문자가 왔습니다.

"선생님, 한국은 총성만 없을 뿐이지 날마다 전쟁 같아요."

그분의 문자에 저는 다음과 같이 답을 했습니다.

"여긴 매일 진짜 총성이 울리는데요."

현대인의 일상은 종종 전쟁에 비유되곤 합니다. 전쟁 같은 일상에서 종전이나 휴전이 요원해 보일 때, 그때 우리에게 필요한 것은 정전과 같은 휴일입니다. 그래서 '휴일', '안식일'은 '시간 속의 시간'이라는 생각이 듭니다. 이 시간을 통해 '쉼 = 잠시 멈춤'을 생각하게 됩니다. 무엇보다 쉼, 휴식, 안식이 필요한 이유는 자기를 낮추고 남을 높이는 마음인 '하심下心'에 있음을, 이 마음이 쉼의 중요한 요소임을 '안식일'과 관계된 성경 구절은 말해줍니다. 그렇기에 탈출기 23장 12절의 이 말씀은 결국 이런 이야기일 겁니다.

네가 쉬어야 네 밑에서 일하는 사람도 숨을 돌린다.

네가 쉬지 않으면 네 밑에서 일하는 사람뿐 아니라 너 자신도 숨을 돌리지 못한다.

또한 우리는 매일 매 순간 자기 자신과 타인에게 '여기까지만' '더는 무리'라고 외치는 일을 일곱 번 아니, 일흔일곱 번까지 미뤄보려고 애쓰지만 무너질 때가 많지요. 그것을 **무기력하게 지켜보아야 하는 현실 속에서 숨 돌릴 틈을 주는 것.** 어쩌면 그것이 사람을 위한 안식일이고 안식일이 사람을 위해 있는 이유일지 모릅니다. 스스로를 담금질하는 것에도 쉼은 필요한 법입니다.

36

하느님께서 맺어주신 것을
사람이 갈라놓아서는 안 된다.

Quod ergo Deus coniunxit, homo non separet.

쿼드 에르고 데우스 코니운시트, 호모 논 세파레트.

— 마태 19, 6

제가 사제였을 때 가끔 혼인 주례를 부탁받곤 했습니다. 그때마다 우스갯소리로 '썸'도 못 타본 독신자가 그 어려운 과정을 다 거쳐 혼인에까지 이른 사람들 앞에서 무슨 말을 해줄 수 있을지 고민이라고 말하며 대부분 거절했습니다. 그럼에도 불구하고 거절할 수 없을 때는 혼인에 앞서 두 사람이 어떻게 만났고 어떤 면에 서로 반해 결혼까지 결심했는지 묻고 그 이야기를 들었습니다. 참으로 신기하게 어느 한 커플도 그 사연이 같거나 비슷하지 않았습니다. 저마다 만난 동기도, 반한 부분도, 결혼을 결심한 배경도 달랐습니다.

혼인. 어원학적 기원에서 '혼인'을 뜻하는 '마트리모니움 matrimonium'은 '마트리스mat-ris(어머니의)'와 '무누스munus(책임)' 의 합성어로, 그 뜻은 '어머니의 책임'이며 여성의 모성애적 역할을 강조한 표현이었습니다Bernardi Papiensis, Summa Decret., 1, 4, tit. I, 4; Gregorii IX, c. 2, X, 3, 33. 또한 '부부, 결혼, 결혼 생활'이라는 의미를 가진 고전적인 용어인 '코니우지움coniugium'은 "합법적인 아내는 남편과 함께 하나의 멍에로 졸라맨다coniungendo, quod legittima mulier cum viro quasi uno iugo ad stringatur"라는 의미의 '코뉴젠도 coniungendo(짝지어 멍에 메운)'에서 기원한 말입니다. '혼인, 결혼'을 의미하는 또 다른 단어로는 '콘누비움connubium'과 '눕티애 nuptiae'라는 말이 있는데, '베일로 얼굴을 가리다, 덮다'라는 의미의 동사 '누베레nubere'에서 기원합니다Decret. Gratiani, c. 8, C.30, q. 5.* 후에 라틴어는 남성에게는 '두체레 욱소렘ducere uxorem(아내를 맞다, 장가가다)'이라는 관용어를 쓰고, 여성에게는 오직 '누베레 알리쿠이, 누베레 쿰 알리퀴nubere alicui, nubere cum aliquo(시집가다, ~와 결혼하다)'라는 관용어를 사용하게 됩니다.**

---

* 살바도르, 데 파올리스, 길란다 외 지음, 한동일 옮김, 『교회법률 용어사전』, 가톨릭출판사, 2017, 1031–1032쪽 참조.

** 한동일, 『카르페 라틴어 2: 라틴어 구문론』, 문예림 2014, 177쪽 참조.

반면 이혼은 라틴어로 '디보르티움divortium' 또는 레푸디움 repudium'이라고 했고, 이혼하려는 배우자가 일방적으로 통보 하면 됐습니다. 이런 행동은 주로 남편이 했는데, '레푸디움' 은 바로 아내를 내쫓는 '소박'을 뜻하는 말입니다. 라틴어의 '혼인'과 '이혼'은 모두 로마의 가부장적 문화에서 파생한 단 어여서 그런지 모두 남성 중심적입니다.

사실 저는 결혼에 관해서는 아름다운 이야기보다 아름답 지 못한 결말을 많이 접했습니다. 실제로 여러 국가의 수많 은 부부의 이혼과 혼인 무효 소송을 다루면서 그렇게 어렵게 이루어진 혼인이 아주 다양한 이유에서 깨지는 모습을 봤었 지요.

'그러므로 남자는 아버지와 어머니를 떠나 아내와 결합하 여, 둘이 한 몸이 될 것이다.' 하고 이르셨다. 따라서 그들은 이제 둘이 아니라 한 몸이다. 그러므로 하느님께서 맺어주 신 것을 사람이 갈라놓아서는 안 된다. (마태 19,5-6)
Propter hoc dimittet homo patrem et matrem et adhaerebit uxori suae, et erunt duo in carne una? Itaque iam non sunt duo, sed una caro. Quod ergo Deus coniunxit, homo non separet.

프롭테르 혹 디미테트 호모 파트렘 에트 마트렘 에트 아드해레비트 욱소리 수애, 에트 에룬트 두오 인 카르네 우나? 이타퀘 얌 논 순트 두오, 세드 우나 카로. 퀴드 에르고 데우스 코니운시트, 호모 논 세파레트.

요르단 서안 지구와 레바논, 모로코 여행 중에 손과 팔, 목에 금붙이를 주렁주렁 걸거나 차고 있는 여성들을 종종 보았습니다. 무거워 보이기도 하고 거추장스러울 것 같은데도 늘 장신구를 걸치고 다니는 이유가 무엇인지 궁금해서 현지의 지인에게 물어보았습니다. 이야기를 들어보니, 과거에 여성들은 소박당할 경우 자기 몸에 붙어 있는 것만 들고 나갈 수 있는 풍속이 있었는데, 시대가 흘러도 그런 관습 때문에 기혼 여성들은 금붙이를 목에 걸고 팔에 찬다는 것이었습니다. 이게 맞는 얘기인가 하는 의문 속에 사연을 듣고 다소 씁쓸했던 기억이 있습니다.

루카복음 15장 8-9절의 '되찾은 은전의 비유'에서 은전 열 닢을 가진 여인이 한 닢을 잃어버렸다가 다시 찾고는 친구들과 이웃을 불러, "나와 함께 기뻐해주십시오. 잃었던 은전을 찾았습니다"라고 말했다는 대목도 이와 비슷한 상황이라고 봅니다. 여기서 언급하는 동전은 '드락메'로 로마의 데나리

온과 같은 가치를 지닌 그리스 은전입니다. 기원후 3세기경의 한 저자에 따르면 1 드락메로 양 한 마리를 살 수 있었다고 합니다.[*] 지금 기준으로 생각해보면 겨우 은전 한 닢 가지고 뭘 그리도 과장된 표현을 할까 싶을 수도 있습니다. 하지만 이 돈이 만약의 상황에 그녀가 가지고 나갈 수 있는 전 재산이라고 한다면 어떻겠습니까? 그녀에게는 '겨우' 은전 한 닢이 아닐 것입니다.

성경에서 '이혼하지 말라'라고 한 예수의 진의는 당시의 이혼 제도 아래서 철저히 약자였던 여성을 보호하기 위해 한 말이 아니었을까 추측해봅니다. 즉 가난한 아내와 여성들의 처지를 아는 예수가 '부부는 하느님이 맺어주신 관계'라는 대의명분을 앞세워 이혼을 금한 것은 아닐까 하고요. 그러나 시간이 흐르면서 '약자를 보호한다'라는 맥락과 취지는 어디론가 사라지고 그저 '이혼하지 말라'라는 계명만 남은 것은 아닐까요?[**]

금붙이를 주렁주렁 달고 다니는 여인들처럼 이제는 사라진 관습이 여전히 사람들의 의식을 지배하고 있는데, 우리는

[*] 염철호 편역, 『길 진리 생명 해설 성경 신약편』, 성바오로출판사, 2020, 283쪽 참조.

[**] 한동일, 『로마법 수업』, 문학동네, 2019, 135쪽 참조.

오늘도 살아 숨 쉬는 말씀을 상황과 맥락까지 챙겨 무의식에 저장할 방법은 없는 걸까요? 말씀을 계명으로만 기억한다면 우리는 말씀의 맥락 속에 실재하는 이웃의 고통을 어떻게 알 수 있을까요?

37

너희 가운데 죄 없는 자가
먼저 저 여자에게 돌을 던져라.

Qui sine peccato est vestrum primus in illam lapidem mittat.

퀴 시네 펙카토 에스트 베스트룸 프리무스 인 일람 라피뎀 미타트.

— 요한 8, 7

1995년 겨울, 난방도 잘 안 되는 신학교의 좁은 독방에서 동료와 함께 리차드 스톨츠만이 클라리넷으로 연주한 유재하의 〈사랑하기 때문에〉를 듣다가 너무 좋아서 앉은 자리에서 수십 번 반복해 들었던 기억이 납니다. 클라리넷의 매혹적인 음색은 가수의 목소리로 듣는 것과는 또 다른 느낌으로 다가왔습니다. 그날로 저는 클라리넷을 배우기로 결심했고, 그다음 날부터 하루 한 시간씩 악기를 연습하기 시작했습니다. 목표는 당연히 유재하의 〈사랑하기 때문에〉를 연주하는 것이었고요.

사랑하기 때문에, 사랑하기 위하여

부부가 되는 사람들에게 결혼을 결심한 이유를 물었을 때 대부분 이렇게 답했던 것으로 기억합니다. 참으로 아름다운 말입니다. 하지만 살다 보면 사랑할 수 없고, 사랑하기 힘든 순간이 있습니다. 사랑하기 위해 결혼했지만 결혼 생활에 대해 꿈꿔왔던 많은 동경과 바람과는 다른 현실이 사랑을, 결혼을 위협하기도 합니다. 그런 현실 가운데는 배우자 서로에 대한 신의를 저버리는 간음도 있습니다.

요한복음 8장 1-11절에는 '간음하다 잡힌 여자' 이야기가 나옵니다. 대다수의 성서학자는 간음한 여인에 관한 내용을 예로니모 성인(347-420년)이 지금의 성서 위치에 넣었다고 봅니다. 예로니모 성인이 이 본문을 불가타 성경에 추가한 후, 가톨릭은 이 본문을 정경으로 인정했고, 1546년 트렌트 공의회는 이를 정경(정통으로 인정된 성경)으로 선언했습니다.[*]

간음과 음란죄와 관련하여 로마 법문의 자료는 상당히 피상적이어서 단 몇 줄로 처벌은 어떻게 하며, 어떤 사람들이 이 죄에 해당하는지만을 설명합니다. 여기에는 당사자들이 느

---

[*] 송봉모, 『비참과 자비의 만남』, 바오로딸, 2012, 428-432쪽 참조.

겼을 고통이나 당혹감 같은 것은 서술되어 있지 않습니다. 이것은 성경도 예외는 아닌데, 요한복음에 나오는 '간음하다 잡힌 여자'도 그렇습니다. 성경 역시 간음하다 걸린 여자와 관련한 상황만 서술할 뿐 그 여인이 느꼈을 수치와 고통에 대해서는 아무런 언급도 하지 않습니다. 그것은 성경의 기술 방식 자체가 등장인물의 내면을 묘사하는 데 있지 않기 때문입니다. 그래서 그에 대한 상상과 공감은 오로지 읽는 이들의 몫이지요.[**]

'간음하다 잡힌 여자' 이야기에서 제가 주목하는 부분은 율법학자들과 바리사이들이 간음하다 붙잡힌 여자를 끌고 와서 예수 앞에 세워놓았을 때 보였던 예수의 태도입니다. 성경은 그들이 예수에게 모세 법에는 간음한 여자는 돌로 쳐 죽이라고 했는데 당신 생각은 어떠냐고 물었을 때, 예수는 '그저 몸을 굽혀 손가락으로 땅바닥에 무언가를 쓰기 시작했다'라고만 전합니다. 만일 예수가 쓴 내용이 중요했다면 전승傳承이 알려주었을 텐데, 그렇지 않은 것을 보면 그 내용보다는 행위가 더 중요했음을 뜻합니다.[***]

[**] 한동일, 『로마법 수업』, 문학동네, 2019, 149-150쪽 참조.
[***] 송봉모, 『비참과 자비의 만남』, 바오로딸, 2012, 452쪽 참조.

〈간음하다 잡힌 여인〉, 피터르 브뤼헐 2세, 패널에 오일, 28.1×40.6cm, 1600년경,
필라델피아 아트 뮤지엄

그리고 재촉하듯 사람들이 답을 묻자 예수는 몸을 일으켜 세우며 그들을 향해 "너희 가운데 죄 없는 자가 먼저 저 여자에게 돌을 던져라" 하고 말씀하신 뒤, 다시 몸을 굽혀 땅바닥에 무언가를 쓰셨다고 성경은 전하지요. 이 이야기에서 예수는 간음하다 잡힌 여자를 직접적으로 바라보지 않습니다. 무언가로 인해 무안하고 부끄러운 사람을 빤히 쳐다본다면 그 사람의 마음은 어떨까요? 그 자리의 남성 대부분은 그 여자가 어느 집 딸이자 아내일까, 불륜 대상은 누구일까 하는 호기심 가득한 눈빛을 했겠지만, 예수는 마치 여인의 심정을 알고 있다는 듯이, 여인과 눈이 마주치는 걸 피하기라도 할 요량으로 몸을 굽혀 땅바닥에 뭔가를 쓰기만 했습니다. 통념을 깨는 행위입니다. 성경을 통해 우리가 바라는 것은 바로 통념을 깨는 것이지요.

혹자는 무슨 내용을 썼을까 궁금해하지만, 엉클어진 머리, 제대로 챙겨 입지 못해 드러난 몸, 수치심 가득한 한 인간을 대하는 예수의 태도에서 인간이 인간을 어떻게 대해야 할지를 생각해보게 됩니다. 아우구스티노 성인은 이 구절을 주석하면서 '미세리아miseria'가 '미세리코르디아misericordia'를 만나는 순간이었다고 표현합니다. 즉 '비참'이 '자비'를 만나는 순간이었다고 말이지요.*

희극작가 테렌티우스는 "인간의 본분을 안다면, 인간은 인간에게 신이다Homo homini deus, si officium sciat. 호모 호미니 데우스, 시 오피치움 쉬아트"라고 말했습니다. 또 다른 희극작가 플라우투스는 "인간은 인간에게 늑대이다Homo homini lupus. 호모 호미니 루푸스"라고 했지요. '간음하다 잡힌 여자' 이야기에서 인간이 인간을 대하는 태도는 '인간이 인간에게 신이거나 늑대이거나 둘 중 하나Homo homini aut deus aut lupus est. 호모 호미니 아우트 데우스 아우트 루푸스 에스트!'임을 알 수 있습니다.** '간음하다 잡힌 여자' 이야기는 간음하다 걸린 여자, 그 대상 자체보다 '그를 바라보고 있는 나'는 그에게 신인지 늑대인지, 나의 어떤 작은 부분이 내가 그에게 신처럼 느껴질 수 있도록 하는지 생각해보게 합니다.

*   송봉모, 『비참과 자비의 만남』, 바오로딸, 2012, 461쪽 참조.

** 한동일, 『한동일의 공부법 수업』, 흐름출판, 2023, 285쪽 참조; 한동일, 『한동일의 라틴어 산책』, 언어평등, 2023, 122쪽 참조.

38

예언자는 어디에서나 존경받지만
고향과 친척과 집안에서만
존경받지 못한다.

Quia non est propheta sine honore,
nisi in patria sua et in cognatione sua.

퀴아 논 에스트 프로페따 시네 호노레,
니시 인 파뜨리아 수아 에트 인 꼬냐티오네 수아.

— 마르 6, 4

일반인의 삶을 살기로 결정하면서 저는 이전까지 제가 사용해왔던 말의 태도에 대해 성찰하는 시간을 갖게 되었습니다. 강론대와 설교대에서 했던 무수한 말들, 강단에서 했던 수많은 강의와 강연들, 업무상 나누었던 이야기들을 떠올려 보았습니다. 그러면서 느낀 것은 제가 사제와 강사로 있던 시절 제 말들 가운데 그 어떤 것도 상호적인 대화의 형태가 없었다는 점입니다. 대부분 지식이나 정보의 전달, 나의 의견을 전하는 일방향의 이야기들이었지요.

이제 일반인으로서 아직은 서툴지만 어떻게 하면 수평적으로 대화를 나눌 것인가에 대해 성찰해봅니다. 그것은 제게 끊임없이 상대의 입장에 대해 귀 기울일 것을 요구합니다. 어떤 말이라도 듣고 또 들어야 합니다. 일하고 공부하고 가정을 이루고 자녀를 기르는 등 보통의 삶을 사는 사람들의 목소리에도 더욱 귀 기울이게 됩니다.

그런데 때때로 고위 성직자와 대화하다 보면 자기 생각을 주입하는 것, 자기 생각대로 따라주는 것을 대화라고 생각한다고 느낄 때가 있습니다. 물론 이것은 세상 어디에서나 지위와 직급이 있는 이들에게서 마주칠 수 있는 태도이기도 할 것입니다. 그래서 다른 신념을 가지고 있거나 생각이 너무 다른 사람과는 처음부터 대화 자체가 어려운지도 모릅니다.

그렇다면 예언자는 어디에서나 존경받지만 고향과 친척과 집안에서만 존경받지 못한 이유는 무엇일까요? 예수의 출신은 멸시의 대상이었던 갈릴래아였고 예수는 랍비 학교에서 정식으로 율법을 공부하지도 않았습니다. 딱히 세상에 내세울 만한 간판이 없는 예수는 고향 사람들이 볼 땐 그들이 익히 잘 알고 있는 '텍톤^{τέκτων}'에 불과했지요. '텍톤'이란 그리스어로 목수나 벽돌공 같은 '기술공'을 지칭하는 말입니다.

복음서가 전하는 대로 "저 사람은 목수로서 마리아의 아들이며, 야고보, 요세, 유다, 시몬과 형제간이 아닌가?"하는 고향 사람들의 반응에서 예수가 그다지 환영받지 못한다는 것을 잘 알 수 있습니다.(마르 6, 3) 고향 사람들, 동네 사람들의 관점에서 예수는 그저 잘 알고 지내던 동네의 한 기술자에 불과하고, 그렇기에 그의 말도 그저 평범한 동네 기술자의 말에 지나지 않을 거라고 생각했을 것입니다. 그런데 예수의 말은 그저 그런 동네 텍톤의 말이 아니었으니 사람들은 '저자가 지금 무슨 말을 하는 건가?'라고 의아해했겠지요. 자신들과 별다를 바 없는 사람이라고 생각했는데 다른 차원의 이야기를 하는 그가 못마땅했고, 그를 환영하지 않았고 존경하지 않았던 것입니다.

이것은 반대로 생각해보면, 성직자의 말이 그저 그런 텍톤의 말이 될 때 어디에서나 존경받는 것이 아니라 고향과 친척과 집안에서만 존경받는 말, 즉 교회 안에서만 존경받는 말이 될 수 있습니다. 사실 그런 말은 교회 안에서도 존경받기 힘든 게 사실입니다. 성직자의 말이어서 잠자코 듣고는 있지만 신자들의 마음 깊은 곳을 울리지는 못합니다. 결국 교회 밖으로 나오는 순간, 그 말들은 사라지고 신자들의 일상에 깃들지도 않게 됩니다.

오늘날 우리는 교회의 메시지가 단순히 교회 안에서 맴돌다 사라지는지, 아니면 세상 속으로 나아가고 있는지 돌아보아야 합니다. 교회에서 발행되는 수많은 교회 문헌을 보며 아름다운 문장에 탄복하다가도, "내가 인간의 여러 언어와 천사의 언어로 말한다 하여도 나에게 사랑이 없으면 나는 요란한 징이나 소란한 꽹과리에 지나지 않습니다"(1코린 13, 1)라는 성경 구절이 떠오를 때가 많습니다. 쓰기와 말하기 '기술자'가 쓴 글과 말로는 사람의 마음을 움직이기가 힘듭니다.

저는 이제 일반인의 삶을 살면서 나 자신이 변할 의지가 없으면 세상도 변하지 않는다는 것을 느낍니다. 그리고 기도를 통해 변하는 것은 타인이 아니라 나 자신이라는 사실도 깨닫습니다. 그래서 저는 기도합니다. 오랜 시간 쉬는 것도 잊은 채 숨 가쁘게 뛰어왔던 제가 천천히 걸으며 주위를 둘러보고 살피며 갈 수 있게 해달라고요. 그것을 의식하며 저는 오늘도 느리고 더딘 걸음을 내딛습니다.

여러분은 어떤 걸음으로 걷고 있는지요?

또 어떤 걸음을 걷고자 하시는지요?

39

조금 있으면 너희는 나를 더 이상
보지 못할 것이다. 그러나 다시
조금 더 있으면 나를 보게 될 것이다.

Modicum, et iam non videbitis me;
et iterum modicum, et videbitis me.

모디쿰, 에트 얌 논 비데비티스 메;
에트 이테룸 모디쿰, 에트 비데비티스 메.

— 요한 16, 16

이 구절은 예수가 제자들에게 자신이 십자가에서 죽으면, 더
이상 자신을 보지 못하겠지만 얼마 뒤에 예수의 부활과 성령
을 통해 스승의 현존을 보게 될 것이라고 말씀하신 고별사에
나온 말씀입니다. 이 구절에서 관심을 가지고 볼 단어는 첫 문
장의 '조금 있으면' 다음에 나오는 '보다'라는 동사와 두 번
째 문장의 '조금 더 있으면' 다음에 나오는 '보다'라는 동사입
니다.

　우리말과 라틴어로는 둘 다 '보다', '비데오video' 동사를 쓰

지만, 그리스어 성경은 첫 번째 '보다'를 '테오레오^{θεωρέω}'로 쓰고 두 번째 '보다'를 '호라오^{όράω}'로 씁니다. 첫 번째 '보다'인 '테오레오'는 '겉으로 드러난 것을 보다, 관람하다'라는 뜻입니다. 영어에서 이론을 뜻하는 시어리^{theory}, 극장을 뜻하는 시어터^{theater}가 모두 이 동사에서 파생하였습니다. 반면 두 번째 '보다', '호라오'는 그저 단순히 바라보는 것을 넘는 '통찰, 직관하다'라는 의미입니다. 즉 깊이 사물의 본질을 꿰뚫어 본다는 의미로 깨달음과 연관된 동사입니다.[*] 다시 이 구절을 들여다보면 조금 있으면 예수를 '눈으로 보는 것'은 못하게 되겠으나, 조금 더 있으면 예수의 본질을 '깨달을' 수 있게 된다는 의미라는 걸 알 수 있습니다.

그리고 '보다'를 뜻하는 그리스어 '호라오'나, 라틴어 '비데오'는 모두 고대 인도유럽어 'u̯eid'에서 유래합니다.[**] 인도유럽어 자음 v는 '분리, 별거, 이탈, 구별, 보급, 만연, 격리'라는 개념을 표현했는데, 이 자음 v는 '이음, 가까움, 닮음, 상호관계'를 의미하는 자음 s와는 반대입니다. 인도유럽어 '빛^{d}이 널리 퍼지다^{vi}'를 뜻하는 vid의 어근은 '보다, 알다'라는 두 가

[*] 송봉모, 『용기를 내어라, 내가 세상을 이겼다 2』, 바오로딸, 2018, 127-128쪽 참조.

[**] Cf. Grzegorz Tokarski, *Dizionario indoeuropeo della lingua latina*, p. 181.

지 의미가 있었는데, 라틴어는 'video, ere, 보다'라는 뜻만을 계승했지만, 그리스어 '호라오'는 '보다'와 '알다'라는 뜻을 동시에 계승했습니다.*** 라틴어 '비데오' 동사에서 '비시오visio' '봄'이라는 명사가 파생하였고, 여기에서 영어의 비전vision이 유래합니다.

모든 것은 '봄'에서 시작합니다. '바라봄'을 거부하고 부정하는 개인과 사회는 통념을 넘고 깨기가 어렵습니다. '보다'라는 동사에 사용된 자음 'v'는 분리와 별거, 이탈을 표현한다고 말씀드렸습니다. 어쩌면 보는 것에 분리와 별거, 이탈이라는 개념이 있다면, 보는 것 자체로 어떤 상황이나 모습에서 분리됨, 떠나 있음을 의미할 수 있습니다. '보다'라는 동사에는 아주 능동적인 의미가 함축되어 있는 것이지요.

그러나 이러한 '봄'에는 커다란 장애 요소가 있습니다. 신체 구조상 우리의 눈은 늘 타인과 대상을 향하기에 자신을 보기가 어렵습니다. 성경도 이 점을 잘 인식하여 "너는 어찌하여 형제의 눈 속에 있는 티는 보면서, 네 눈 속에 있는 들보는 깨닫지 못하느냐?"(마태 7, 3)라고 말합니다. 세상에는 눈을 뜨고 보고 있다고 생각하지만 실상은 눈을 가리는 수많은 통념

*** 한동일, 『카르페 라틴어 부록』, 문예림, 2014, 33쪽 참조.

이 있습니다. 그 가운데 종교적 신념과 관련하여 12세기 스페인 출신의 이슬람 신비주의자이며 철학자인 '이븐 알 아라비Ibn al-Arabi, 1165-1240'가 했던 아래의 이야기는 오늘날에도 여전히 새겨들을 만합니다. 이 말은 꼭 종교적 신념에만 적용되는 것은 아닙니다. 인간은 수많은 교리와 신념, 이념과 이론을 만들어 그것을 금과옥조처럼 떠받들고 살면서 그것 때문에 힘들어합니다. 그렇기 때문에 더 귀 기울여보았으면 좋겠습니다.

하나의 교리만을 금과옥조로 떠받들면서 나머지는 모두 불신하는 어리석음을 범하지 말라. 그랬다가는 좋은 것을 많이 잃을 것이다. 아니, 세상의 참다운 이치를 깨닫지 못할 것이다. 신은 어디에나 있고 무엇이나 할 수 있으므로 하나의 교리에 얽매이지 않는다. '어디를 둘러보아도 거기에는 알라의 얼굴이 있다'라고 신은 말한다. 누구나 자기가 믿는 것을 칭송한다. 나의 신은 내가 만들어낸 것이다. 그래서 신을 칭송한다는 것은 곧 자기를 칭송한다는 뜻이다. 균형 감각이 있는 사람은 남의 믿음을 나무라지 않는다. 남의 믿음을 싫어하는 것은 무지해서다.

— 카렌 암스트롱, 『마음의 진보』, 458쪽

40

보라, 저자는 먹보요 술꾼이며
세리와 죄인들의 친구다.

Ecce homo vorax et potator vini,
publicanorum et peccatorum amicus.

엑체 호모 보락스 에트 포타토르 비니,
풀리카노룸 에트 펙카토룸 아미쿠스.

— 마태 11, 19

예수 당대에 그를 지칭하는 호칭은 다양했는데, 그에 대한 호불호에 따라 호칭도 나뉘었습니다. 그를 지지하고 도움을 청하는 사람들은 선생님이라고 불렀지만, 그를 못마땅해하는 사람들은 그의 드러나는 면모만 보고 '먹보요 술꾼'이라 불렀습니다. 먹보를 의미하는 그리스어 '파고스φάγος'를 라틴어 성경은 '보락스vorax'로 옮겼는데, 그 뜻은 '식탐이 있는 사람'입니다. 다시 말해 예수의 별명 아닌 별명은 먹보요 술꾼인 것이지요.

세리와 죄인들과 함께 먹고 마시며 어울리는 예수는 당대에 존경받는 집단보다는 사람들이 어울리기를 꺼리는 사람들과 함께했습니다. 불가촉不可觸의 사람들을 가족의 사람으로 대하는 것. 나의 아픔에만 집중하지 않고 타인의 아픔에 집중하는 것은 그들의 삶을 보고 들어야 가능한데, 이를 위해 제일 좋은 방법은 그들과 식탁에 마주 앉는 것, 곧 소위 '밥친'이 되는 것입니다.

타인의 아픔은 내가 사랑하는 사람들만을 통해서는 보기 힘듭니다. 우리끼리, 같은 편끼리, 자기 진영의 사람들끼리만 함께하다 보면 의견을 나누는 것은 고사하고 타인의 아픔을 보고 듣기가 어렵습니다. 그것은 그대로 내게로 돌아와 내 목마름과 통증은 메아리처럼 더욱 크게 증폭될 것입니다.

> 너희가 자기를 사랑하는 이들만 사랑한다면 무슨 상을 받겠느냐? 그것은 세리들도 하지 않느냐? 그리고 너희가 자기 형제들에게만 인사한다면, 너희가 남보다 잘하는 것이 무엇이겠느냐? (…) 그러므로 하늘의 너희 아버지께서 완전하신 것처럼 너희도 완전한 사람이 되어야 한다. (마태 5, 46-48)

병행 구절인 루카복음 6장 36절의 "너희 아버지께서 자비하신 것처럼 너희도 자비로운 사람이 되어라"라는 표현 대신 마태오복음은 '완전함'을 이야기합니다. 숨이 턱 막힙니다. 대중말 라틴어 성경은 '완전함'을 나타내는 말로 영어 퍼펙트 perfect의 어원이 되는 페르펙티perfecti를 쓰는데, 그리스어 원문은 '텔레이오스τέλειος'이고 복수 주격은 '텔레이오이τέλειοι'를 씁니다. '텔레이오스'의 의미는 '흠 없고 완전한 제물, 온전히 성장한 어른, 기도나 서원을 온전히 이행하거나 완수한 것'을 의미합니다. 따라서 마태오복음은 이 모든 의미를 함축한 '완전함'을 말합니다.

당시 사회적 관계는 친구들 간에도 서로 주고받을 수 있는 사람들끼리 이루어졌습니다. 물론 오늘날도 여기에서 크게 벗어나지 않지만요. 마태오복음은 '완전함'을 이야기하면서 예수의 행동에서 각자 행동의 기준점이 무엇인지를 생각해보기를 바랐을 겁니다. 내가 하느님께 봉헌될 때 나의 태도는 예수의 어떤 모습을 기준으로 했는가, 하고요.

그렇다면 예수는 어떻게 사람들이 먹보요 술꾼이라고 비난하는데도 괘념치 않고 세리와 죄인들의 친구가 되는, 이런 '통념을 깨는' 행보가 가능했을까요? 아마도 그것은 그의 훈련된 태도에서 비롯된 것이 아닐까 생각해봅니다.

브론치노Bronzino, 1503-1572의 〈세례자 성 요한과 성녀 안나와 함께 있는 성가정〉이라는 그림이 있습니다. 세례자 요한과 함께 놀고 있는 아기 예수를 중심으로 마리아와 그녀의 어머니 성녀 안나와 남편 성 요셉이 나란히 밀착되어 배치되어 있습니다. 성녀 안나가 함께 등장하는 성가정 성화는 독일에서 가장 널리 전파되었으며, 15-16세기에는 이탈리아와 스페인에서도 자주 등장했습니다.[*]

제가 이 그림에서 관심을 가지고 본 것은 예수와 세례자 요한이 아니라 요셉과 마리아 부부입니다. 한눈에도 마리아와 요셉은 나이 차가 상당해 보입니다. 이 그림은 아마도 요셉을 마리아와 결혼할 때 이미 나이가 지긋한 노년의 남성으로 보았던 〈야고보의 원 복음서〉와 〈토마스 복음서〉 등의 '위경'[**]의 영향을 받은 것 같습니다. 그 이유는 예수가 공생활을 시작했을 때 마리아와 달리 요셉에 관한 언급이 없기 때문에 그가

[*]   한국가톨릭대사전 편찬위원회, 「성가정」, 『한국가톨릭대사전 7』, 한국교회사연구소, 1999, 4509쪽 참조.

[**] '위경' 또는 '외경'이란 문학적 용어로써 일반 사람들에게 공개되지 않은 비밀의 지혜가 담겨져 있는 책들을 말합니다. 유대교 전통에서는 히브리 성서의 주제를 다루고 있으나 정통 신앙에서 벗어난 내용을 포함하고 있는 책들을 지칭하는 용어로 사용하였습니다. 오늘날 '위경' 또는 '외경'이란 성서와 관련된 주제를 다루고 있으나 정경으로 인정받지 못한 고대의 유대 문헌, 헬레니즘적 유대 문헌과 유대-그리스도교적 문헌들을 총칭하는 용어입니다. (한국가톨릭대사전 편찬위원회, 「외경」, 『한국가톨릭대사전 9』, 한국교회사연구소, 2002, 6525쪽 참조.)

〈세례자 성 요한과 성녀 안나와 함께 있는 성가정〉, 브론치노, 패널에 오일,
133×101cm, 1525년경, 루브르 박물관

이미 사망한 것으로 추정했기 때문이 아닐까 합니다.[*] 이러한 추정이 사실인지 아닌지는 확인하기 어렵습니다. 하지만 예수의 양부 요셉과 어머니 마리아가 브론치노의 그림처럼 엄청난 나이 차가 나는 부모였다고 한다면, 예수의 성장 배경에는 또 다른 '다름'이 있었으리라 상상해봅니다.

사실 제 부모님 두 분은 나이 차가 꽤 큽니다. 게다가 저는 늦둥이여서 초등학교 입학 때 아버지의 연세는 이미 환갑이었습니다. 입학식 때 젊은 담임선생님이 아버지를 향해 깊이 인사하면서 '할아버지'께서 오셨냐고 물었던 순간은 아직도 생생하게 기억납니다. 그 일은 아버지가 저와는 물론이고, 친구들의 아버지와도 세대 차가 크다는 사실을 명확히 의식하게 된 일로, 자라면서 아버지는 제게 가까운 분이었음에도 어렵고 멀게만 느껴지곤 했습니다.

또한 저는 사제였지만 어디에도 명확히 소속된 적이 없었기에 언제나 주변인일 수밖에 없었습니다. 그 시간 속에서 부당하다고 느껴지는 일도 있었고, 같은 조직에 속한 사람들로부터도 인정받기 어려운 경우도 있었습니다. 그런 일들에

---

[*] 한국가톨릭대사전 편찬위원회, 「요셉」, 『한국가톨릭대사전 9』, 한국교회사연구소, 2002, 6548쪽 참조.

연연하지 않으려는 순간이 늘어났고요.

주변인 또는 경계인. 그런 삶.

생각해보면 예수야말로 주변인이자 경계인이었을 겁니다. 그는 그런 성장 환경 속에서 '**원래부터 귀한 인간**'이란 것은 없고 '**그렇게 생각하고 분류하는 인간**'만 존재한다는 것을 자주 보아왔을 겁니다. 그래서 타인의 아픔과 고통을 듣고 보고 공감하고 이해하는 그의 태도는 어린 시절부터 훈련된 것일지도 모릅니다. 보고 듣는 데는 훈련이 필요합니다. 마태오복음 5장 48절의 "너희도 완전한 사람이 되어야 한다"에서 완전함이란 예수처럼 타인의 아픔과 고통을 공감하고 이해할 수 있는 데서 시작되는 것이라고 생각합니다. 그리고 그럴 수 있어야 온전한 어른이 된다는 의미일 것입니다.

_41_

예수님께서 길을 가시다가
태어나면서부터 눈먼 사람을 보셨다.

Et praeteriens Iesus vidit hominem caecum a nativitate.

에트 프래테리엔스 예수스 비디트 호미넴 채쿰 아 나티비타테.

— 요한 9, 1

오래전 여의도에 거처했을 때, 한 시각장애인과 만나 대화를 나눈 적이 있습니다. 그때 "어디 사느냐?"라는 그의 질문에 여의도에 산다고 하자, 그는 여의도의 크기가 어느 정도 되느냐고 되물었습니다. 급하게 인터넷을 검색하여 답을 했더니 그 넓이가 짐작되지 않는다고 했습니다. 집으로 돌아와 여의도 한강 변을 따라 돌았더니 대략 성인 걸음걸이로 2시간 남짓 걸리더군요. 그분과 다시 만났을 때 그에게 성인 걸음으로 2시간 정도 걸렸다고 하니 그제야 대략 어느 정도인지 가늠이 된다고 했습니다. 태어나면서부터 볼 수 없다는 것은 참으로 많은 제약이 있는데 그 가운데 공간에 대한 인식도 어렵다는 것을 알게 된 일이었습니다.

"나는 생각한다. 그러므로 나는 존재한다."

데카르트의 말이지요. 그는 확신할 수 있는 것은 오직 자기 자신의 의식과 생각뿐이라고 여겼습니다. 하지만 이후 반계몽주의 사조는 나는 생각하기 위해 존재하는 것이 아니라고 느끼고 살기 위해서 존재한다고 말합니다. 삶에는 우리가 생각하고 의식해도 가늠조차 되지 않는 것들이 참 많습니다.

그렇다면 인간은 어떻게 '봄'과 '공감'의 영역을 확장해왔을까요? 이에 대해 철학자 피터 싱어는 『확장하는 원: 사회 생물학과 윤리』에서 인류가 자기 자신 못지않게 소중하게 여기는 대상의 범위를 역사적으로 점차 넓혀왔다고 주장합니다.[*] '태어나면서 눈먼 사람을 고쳐주시다'(요한 9, 1-12)라는 이야기에서 제자들은 "스승님, 누가 죄를 지었기에 저이가 눈먼 사람으로 태어났습니까? 저 사람입니까, 그의 부모입니까?"라고 묻습니다. 고대 세계에서는 질병과 죄를 연관 지어 생각

[*] 스티븐 핑커, 김명남 옮김, 『우리 본성의 선한 천사』, 사이언스북스, 2021, 315쪽 참조.

하는 것이 보편적이었습니다. 오늘날 그렇게 생각하지 않는 것은 인류가 느끼는 '봄'의 영역이 확장된 결과일 겁니다.

가끔 성경 주석서나 해설서를 읽을 때 예수 시대의 바리사이파 사람들이나 율법학자들에 대해 통렬히 비판하는 내용을 봅니다. 그럴 때마다 그 비판의 대상이 오늘날에는 나와 내가 몸담은 교회의 모습은 아닐까, 질문하게 됩니다. 이천 년을 이어온 교회 안에서 능동적인 바라봄을 몸소 보여준 예수를 통해 우리는 얼마나 '바라봄'의 영역을 확장해왔을까요?

파스칼은 『팡세』에서 이렇게 말합니다. "단지 보기를 원하는 사람들에게는 충분한 빛이 있고 그 반대의 처지에 놓인 사람들에게는 충분한 암흑이 있다."[*] 모든 것은 '바라봄'에서부터 시작하지만 '볼 수 없음'의 형태도 다양한 것 같습니다. 그 가운데 하나는 '보고 싶은 것, 보고자 하는 것만 보는 것'일 겁니다. 시선의 방향을 밖으로만 두는 경우에 해당합니다. 즉, 바라보는 대상에서 나와 우리를 제외하는 것이지요. 이것은 어둡고, 희미한 상태의 바라봄입니다. 나와 내가 몸담은 교회는, 우리 사회는 과연 보고 싶은 것만 보는 것이 아니라 나와 우리를 포함해서 보고 있다고 말할 수 있을까요?

---

[*] 블레즈 파스칼 지음, 현미애 옮김, 『팡세』, 을유문화사, 2013, 89쪽 인용.

남이 어떤 잘못을 하는 것을 보거든 너도 그처럼 하지 않도
록 주의하고, 전에 너도 그렇게 한 일이 있다면 바로 고치
도록 노력해라. 너의 눈이 남을 살피는 것과 같이 남도 너
를 살핀다.

Si quid autem reprehensibile confideraveris, cave ne idem
facias, aut si aliquando fecisti, citius emendare te studeas.
Sicut oculus tuus alios confiderat, sic iterum ab aliis notaris.

시 퀴드 아우템 레프레헨시빌레 콘피데라베리스, 카베 네 이뎀
파치아스, 아우트 시 알리콴도 페치스티, 치티우스 에멘다레 데
스투데아스. 시쿠트 오쿨루스 투우스 알리오스 콘페데라트, 식
이테룸 압 알리이스 노타리스.

— 토마스 아 켐피스, 『그리스도를 본받아』, 1, 25, 5

42

산 위에 자리 잡은 고을은
감추어질 수 없다.

Non potest civitas abscondi supra montem posita.

논 포테스트 치비타스 압스콘디 수프라 몬템 포시타.

— 마태 5, 14

교회는 어디에 있어야 하는가?

Ubi Ecclesia debet esse?

우비 엑클레시아 데베트 에쎄?

독일에는 교회세(종교세)Kirchesteuer, 키르켄스터이어라는 게 있습니다. 종교세를 안 낼 수는 있지만, 만약 결혼해서 아이가 태어나면 세례를 받지 못하고 장례미사나 예배를 할 수 없게 됩니다. 독일 친구들과 만날 기회가 생겼을 때 "당신들은 왜 종교세를 냅니까?"라고 물어본 적이 있습니다. 그런데 그 사람들이 이런 대답을 하더라고요. "국가가 하지 못하는 일을 교회가 해주기를 바라는 마음에서 종교세를 낸다." 몇몇 사람의 대답을 일반화해서는 안 되겠지만 그 대답 속에 교회가 어디에 있어야 하는지에 대해 많은 생각이 든 것만은 사실이었습니다.[*]

성경에는 '산 위의 도시 civitas supra montem'라는 표현이 있습니다.(마태 5, 14) 산 위의 도시는 밤이 되면 빛날 수밖에 없습니다.[**] 밤이 되면 도시는 불빛으로 환할 것이고, 그 도시가 높은 곳에 있다면 사방에서 그 도시의 존재를 알아보지 않겠습니까? 그렇다면 교회는 어디에 있는 걸까요? 어디에 있어야 할까요?

내가 밝으면 상대의 어둠이 보이지 않을 수 있습니다.
내가 어두우면 상대의 밝음이 보일 수 있습니다.
때로는 어둠에서 어둠을 볼 때 상대의 어두움이 더 잘 보

[*] 김민희 기자, "사랑받고 인정받을 때 우리는 비로소 자신이 됩니다",《topclass》2023, 9(ISSUE NO.220), 89쪽 참조.
[**] 정초원 기자, "한동일 '누군가의 곁'이 돼주는 어른, 제 꿈이죠",《매거진한경》2021, 10,27.

일 때가 있습니다.

그럼 밝음에서 밝음을 보면 상대의 밝음이 더 잘 보일 수 있을까요?

성경은 우리를 세상의 빛이라고 하고, 우리의 빛이 사람들 앞을 비추어 그들이 너희의 착한 행실을 보고 하늘에 계신 아버지도 찬양하게 하라고 합니다.(마태 5, 16) 그런데 오늘날 교회의 현실은 어떤가 생각해봅니다. 과연 오늘날의 교회는 사람들이 교회의 행실을 보고 신을 찬양할 수 있도록 어떤 노력을 하고 있을까요.

독일의 위대한 심리학자이자 『죽음의 수용소에서』의 저자인 빅터 프랭클이 교황 바오로 6세를 만나 대화하는 동안 교황에게서 느낀 짧은 소회가 있습니다. 프랭클은 바오로 6세를 보고 그가 얼마나 많은 밤을 불면의 밤으로 보내야 했는지를 알 수 있었다고 했습니다. 그것은 교황 바오로 6세라는 인물은 자신의 의지와 양심과 다른 결정을 해야 할 때도 있을 것이고, 그렇게 고심해서 내린 결정이지만 가톨릭교회 구성원들이 달가워하지 않을 수도 있고, 그럼에도 불구하고 계속해서 무엇인가를 결정해야 하는 위치에 있다는 것이지요. 그래서 그의 얼굴에서 그가 얼마나 많은 고뇌의 시간을 보내고 불면의 밤을 보냈는지를 읽을 수 있었다고 했습니다.

지금 이 시대는 어느 시대보다 더 강렬하게 '교회는 어디에 있어야 하는가?'라는 질문을 받고 있습니다. 그렇다면 교회는 우리 시대의 어려움에 대해 겸손한 마음으로 돌아보며 불면의 밤을 보낼 준비가 되어 있는지, 교회 스스로에 대한 성찰이 필요하지 않을까요.

교회는 수없이 많은 밤을
잠 못 이루는 밤으로 보낼 준비가 되어 있습니까?
교회는 세상의 소금입니까?
그런데 혹시 그 소금이 제맛을 잃어 아무 쓸모가 없어
밖에 버려져 짓밟히고 있는 것은 아닙니까?

43

너희가 그들에게 먹을 것을 주어라.

Date illis vos manducare.

다테 일리스 보스 만두카레.

— 마태 14, 16

신약성경의 '오천 명을 먹이신 기적' 이야기는 마태복음 14장 13-21절과 마르코복음 6장 30-44절, 루카복음 9장 10-17절, 요한복음 6장 1-14절에도 나옵니다. 복음서마다 이야기의 큰 줄거리는 비슷하면서도 세부적인 묘사에 있어서는 약간의 차이가 있습니다. 어쨌든 각 복음서는 사람들이 여러 고을에서 예수의 움직임에 관한 소문을 듣고 얼마나 주의 깊게 그를 따라나서는지 그 상황을 묘사합니다.

외딴곳, 황량한 곳에 밤이 찾아옵니다. 여기서 말하는 외딴곳은 도시 바깥의 따로 떨어진 어떤 곳일 겁니다. '날이 저물기 시작하자'(루카 9, 12) '어느덧 늦은 시간이 되자'(마르 6, 35) '저녁때가 되자'(마태 14, 15) 제자들은 사람들의 잠자리와 저녁을 걱정합니다. 제자들은 이 상황을 해결하기 위해 스승인 예수에게 사람들을 마을로 돌려보내어 스스로 먹을거리를 구하게 하라고 제안합니다. 하지만 예수는 "너희가 그들에게 먹을 것을 주어라"(마태 14, 16) 하고 말하지요. 그 답을 듣고 당황하고 난감했을 제자들의 표정이 그려집니다.

예수의 이 대답에 마태복음에서 제자들은 "우리에게 지금 있는 것이라고는 빵 다섯 개와 물고기 두 마리뿐입니다"(마태 14, 17)라고 말합니다. 그런데 요한복음은 이와는 조금 다르게, 제자 중의 하나이자 시몬 베드로의 동생인 안드레아가 예수에게 말하기를, "여기 웬 아이가 보리 빵 다섯 개와 물고기 두 마리를 가진 아이가 있습니다마는"(요한 6, 8)이라 했다고 전합니다.

아주 오래전 누군가의 강론집에서 요한복음의 이 대목을 언급한 글을 읽은 적이 있습니다. 그는 이 부분을 이렇게 풀어놓았습니다. 어떤 어린아이가 가지고 온 빵 다섯 개와 물고기 두 마리에 사람들의 마음이 움직여 군중이 주섬주섬 자기 보따리에 있던 먹을거리를 꺼내 서로 나누게 된 결과, 오천 명이 먹고도 남을 기적이 일어났을지도 모른다고요. 저는 그 같은 시선에 감동 받았습니다. 실제로 오늘날처럼 휴게소나 식당이 잘 갖춰지지 않은 과거에 여행자는 자기 행낭에 어느 정도의 먹고 마실 거리를 항상 가지고 다녔는데요. 그 모습을 상상해 보면 있을 수 없는 일은 아니었습니다.

하지만 제가 다시 주목하는 대목은 예수가 제자들에게 "너희가 그들에게 먹을 주어라"라고 말하는 부분입니다. 예수는 제자들에게 능동적으로 너희가 가진 것으로 백성에게 필요한 양식을 제공하라고 말합니다. 이 모습을 보며 현대의 교회가 무엇을 해야 할지, 성직자는 어떻게 행동해야 할지를 묵상하게 됩니다.

제가 사제로 지냈던 시절을 돌아보면, 신자들이 사제를 초대하는 경우에 대부분은 식사 비용을 신자들이 부담했고, 이것이 당연하게 여겨졌습니다. 큰 행사가 있을 때도 보통 신자들의 이동편이나 식사는 각자 알아서 하지만 사제들은 따로 모여서 잘 준비된 식사를 하곤 했고요. 그런데 이때 '잘 준비된 식사'는 누가 준비한 것일까요?

현대의 그리스도교 신자에게서 가톨릭, 개신교 신자 할 것 없이 모두 '참 말씀'을 갈구하는 모습을 보게 됩니다. 성경 시대에 군중이 얼마나 예수를 따라 주의 깊게 움직였나 생각해보면 현대의 신자들도 크게 다르지 않은 것 같습니다. 고된 일주일을 보내고 파김치가 된 몸을 일으켜 주일에 교회에 나갑니다. 그런 그들에게 교회는, 성직자는 무엇을 주고 있을까요? 보통 마음의 양식을 준다고는 하지만 그 양식은 충분히 잘 준비된 것일까요?

요한복음에서는 한 아이가 빵 다섯 개와 물고기 두 마리를 가지고 왔다고 하지만, 마태복음과 마르코복음, 루카복음은 "저희는 여기 빵 다섯 개와 물고기 두 마리밖에 가진 것이 없습니다"라고 말합니다. 오늘날 예수는 아이가 가지고 온 빵 다섯 개와 물고기 두 마리가 아니라 교회가 자기 것에서 내어놓은 빵 다섯 개와 물고기 두 마리를 더 바라실지도 모릅니다. 그래서 신자들 주머니에 있는 것 말고 너희 주머니에 있는 것을 내놓으라고 말씀하실 수도, 이렇게 되물을 수도 있을 것 같습니다. "너희 각자는 가난할 수도 있지만 너희가 속한 교회와 교구는 부자가 아니더냐?" 하고요.

교회나 성직자가 가진 것을 내놓는 것은 신자들 가운데 어느 한 명이 가진 것을 내놓는 것보다 훨씬 그 영향력이 큽니다. 레위의 후손인 사제들의 모든 것을 신자들이 돌봐야 하는 것이 아니라, 사제가 자기 것을 내줄 수 있는 마음에서 오천 명을 먹이신 기적이 현대에도 나올 수 있지 않을까요?

주일날 성당이나 교회에서 들을 수 있는 강론이나 설교는 상당 부분 신자들의 삶에 대한 것입니다. 하지만 제가 일반인으로 살아보니 이런 생각이 들었습니다. 성직자가 신자들의 한 주가 얼마나 고달팠는지를 안다면 그들의 시간을 쉽게 말해서는 안 되지 않을까? 자신에게 한 끼의 정갈한 음식을 대접하는 데 얼마의 노고가 들어갔는지 알아야 하지 않을까?

예수는 늦은 시간에 모인 군중을 보며 제자들에게 "너희가 그들에게 먹을 것을 주어라"라고 말합니다. 예수는 자신에게 몰려든 군중을 돌려보내기를 원하지 않았습니다. 그렇다면 현대의 목자도 교회에 모인 군중을 돌려보내지 않을 방법을 생각해보아야 합니다.

너희는 그들에게 줄 만한 것이 있느냐?
너희는 그들에게 무엇을 주고 있느냐?
너희가 그들에게 먹을 것을 주어라.

이스라엘 마사다에 있는 메노라. 메노라는 유대교의 상징인 7갈래로 이루어진 촛대로 모세가 호렙 산(Mount Horeb)에서 발견한, 불이 피어오르나 타지 않는 떨기나무에서 나타난 하느님을 상징한다.

나에게 '주님, 주님!' 한다고 모두 하늘나라에
들어가는 것이 아니다. 하늘에 계신 내 아버지의 뜻을
실행하는 이라야 들어간다. (마태 7, 21)

Non omnis qui dicit mihi: Domine, Domine,
intrabit in regnum caelorum; sed qui facit voluntatem Patris mei
qui in caelis est, ipse intrabit in regnum caelorum.

논 옴니스 퀴 디치트 미기: 도미네, 도미네,
인트라비트 인 레늄 챌로룸; 세드 퀴 파치트 볼룬타템 파트리스 메이
퀴 인 챌리스 에스트, 입세 인트라비트 인 레늄 챌로룸.

44

네 마음을 다하고 네 목숨을 다하고
네 정신을 다하여
주 너의 하느님을 사랑해야 한다.

> Diliges Dominum Deum tuum ex toto cordo tuo
> et in tota anima tua et in tota mente tua.
>
> 딜리제스 도미눔 데움 투움 엑스 토토 코르도 투오
> 에트 인 토타 아니마 투아 에트 인 토타 멘테 투아.
>
> ― 마태 22, 37

유대교에는 다양한 종교적 규정이 613개의 계명으로 목록화되어 있습니다. 그 가운데 365개는 부정문으로, 248개는 긍정문으로 이루어져 있고요. 예수는 이 목록을 강조하기 위해서가 아니라 그 규정들을 지키기 위한 일반적인 태도, 곧 하느님과 형제들을 전적으로 사랑해야 한다는 것을 강조하기 위해, 율법 교사 한 사람이 율법에서 가장 큰 계명이 무엇이냐고 물었을 때 다음과 같이 대답합니다. 신명기 6장 5절과 레위기 19장 18절을 인용하여 답하는 성경 구절입니다.* 또한 이는 마태복음 22장 36-40절에도 명확히 명시되어 있습니다.

이스라엘아, 들어라!

לאראשׂי עמׁשׁ! 쉐마 이스라엘!

Audi Israhel! 아우디 이스라엘

율법에서 가장 크고 첫째가는 계명은

네 마음을 다하고 ex toto cordo tuo

네 목숨을 다하고 in tota anima tua

네 정신을 다하여 in tota mente tua

주 너희 하느님을 사랑해야 한다.**

이고, 그다음 둘째가는 계명은 이것입니다.

*　염철호 편역, 『길 진리 생명 해설 성경 신약편』, 성바오로출판사, 2020, 117쪽
참조.

**　한국 천주교 주교회의 『성경』은 신명기 6장 5절을 "너희는 마음을 다하고 목숨
을 다하고 힘을 다하여 주 너희 하느님을 사랑해야 한다."라고 번역한다.

네 이웃을 너 자신처럼 사랑해야 한다. (마태 22, 39)

Diliges proximum tuum sicut teipsum.

딜리제스 프록시뭄 툼 시쿠트 테이프숨

"이스라엘아, 들어라"에 해당하는 히브리어 "쉐마 이스라엘"은 이스라엘인이 매일 바치는 기도의 시작 부분으로 일종의 신앙 고백(신명 6, 4-5)과 계명의 토대(신명 5, 1)가 되는 부분입니다. 예수는 이것이 온 율법과 예언서의 정신이라고 말합니다. 이 구절은 신구약 성경을 통틀어 제가 가장 사랑하는 구절이기도 합니다.

중세의 유적을 고스란히 담은 이탈리아 도시들의 성당에는 종교적 인물들에 대한 전시실이 딸려 있는데, 그곳에 가 보면 당시 사람들은 오늘날 우리처럼 성경을 통권으로 갖지 못하고 루카복음, 마태오복음과 같이 성경 각 권의 낱권만을 가지고 살았다는 것을 알 수 있습니다. 그런데 그들은 성경 전체가 아니라 자기가 소장한 성경 한 권 가운데 어떤 한 구절을 자기 삶으로 만들고자 했습니다. 오늘날 우리는 너무 많은 정보의 홍수 속에서 보고 듣는 그 모든 것이 오히려 선택의 걸림돌이 될 때가 많은데 말이죠.

『성경』, 우리의 무거운 마음에 거처하시는 말씀.

그분의 말씀은 불과 같아서 말씀을 접한 사람 가운데 마음이 평화로울 수 없는 인간은, 성경의 한 줄을 삶의 신조로 삼아 살고자 하는 열의를 갖게 됩니다. 로마 가톨릭교회 역사를 보면 그런 사람들을 통해 수많은 수도회가 창립되었고, 그들의 바람은 바로 그런 단순한 삶을 사는 것이었습니다. 그들의 삶이 위대했던 점은 영웅적인 이야기에 있지 않고 바로 성경의 한 줄을 몸으로 살아내고자 했던, 단순하고 곧은 마음에 있습니다. 성인들이 그랬던 것처럼 성경의 한 줄대로 살 수 있다면 나의 삶 자체가 그 한 줄이 될 것입니다.

많은 사람이 세상을 떠날 때 비문에 남기는 것은 언제 태어나서 언제 죽었다는 한 줄뿐입니다. 누구나 언젠가는 주어진 생을 떠나는 시간이 올 텐데, 여러분은 비문에 어떤 문구를 새기고 싶은지요? 살아있을 때 비문에 새길 문구를 생각해보는 일은 삶의 태도에 대해 생각해볼 수 있게 할 것입니다. 더불어 여러분은 여러분의 마음을 다하고 목숨을 다하고 정신을 다하여 살고 싶고 따르고 싶은 성경 구절이 있나요? 있다면 그 구절은 무엇인가요? 제게는 이 구절입니다.

너희가 내 형제들인 이 가장 작은 이들 가운데 한 사람에게 해준 것이 바로 나에게 해준 것이다.(『공동번역』, 마태 25,

40) 그것이 어렵다고 생각하느냐? 그것은 이것이다. 이 보잘 것없는 사람 중 하나에게 그가 내 제자라고 하여 냉수 한 그릇이라도 주는 사람은 반드시 그 상을 받을 것이다. (『공동번역』, 마태 10, 42)

그러나 저 자신을 돌아보면 이 말씀대로 잘 살고 있지는 못하는 것 같습니다. 그래서 '이스라엘아, 들어라!'라는 서두를 '동일아, 들어라!'로 바꾸어 봅니다. 그리고 마치 시험을 준비할 때 제일 못하고, 제일 하기 싫은 과목을 제일 먼저 공부했던 기억을 떠올리며 제일 못하는 것을 제일 먼저 기억하고자 합니다.

_45_

누가 내 어머니고
누가 내 형제들이냐?

Quae est mater mea, et qui sunt fratres mei?

쾌 에스트 마테르 메아, 에트 퀴 순트 프라트레스 메이?

— 마태 12, 48

마르코복음 3장 31-35절, 루카복음 8장 9-21절과 마찬가지로 마태오복음 12장 46-50절에서도 예수의 '형제' '자매'에 대해 이야기합니다. 이 구절은 주로 예수가 독생자라는 교리를 부인하는 곳에서 그 근거로 제시하기도 합니다. 그런데 히브리어와 아람어에는 친척을 세분해서 지칭하는 용어가 없다고 합니다. 그래서 이 표현은 친형제 자매가 아니라 방계혈족의 사촌 형제들, 가까운 친척으로서 '가족'에 속한 이들을 의미한다고 설명합니다.[*]

저는 이 구절을 떠올릴 때마다 성경 말씀은 내가 놓인 상황과 상태, 성숙과 지적 성장의 정도에 따라 이해의 깊이가 달라짐을 느낍니다. 오래전 제가 처음 수도원에 들어가기로 결정했을 때 "누가 내 어머니고 누가 내 형제들이냐? (…) 하느님의 뜻을 실행하는 사람이 바로 내 형제요 누이요 어머니다"라는 생각이 강했습니다. 루카복음에서 누군가가 주님을 따르겠다고 하며 먼저 가족들에게 작별 인사를 할 수 있도록 허락해주십사 청하는 말에 예수는 "쟁기에 손을 대고 뒤를 돌아보는 자는 하느님 나라에 합당하지 않다"(루카 9, 62)라고 말씀하셨는데요. 그 말씀 그대로의 마음가짐이었습니다.

그런데 이 마음을 계속 흔드는 일이 생겼습니다. 제가 어르신들을 돕는 봉사 활동을 할 때였는데, 봉사 받으시는 어르신들보다 훨씬 열악한 환경에 계신 제 부모님이 생각났습니다. 나는 지금 내 부모도 제대로 모시지 못하면서 다른 어르신들을 위해 봉사한다는 것이 타당한 일인가 고민하게 됐습니다. 제가 하느님의 뜻을 실천한다는 명분 아래 또 다른 의미로 하느님의 계명을 어기는 것은 아닌가 하는 마음도 들었습니다.

---

* 염철호 편역, 『길 진리 생명 해설 성경 신약편』, 성바오로출판사, 2020, 84; 161; 253쪽 참조.

그때 제 마음은 바로 마르코복음 7장 9-13절이 말하는 '코르반-서원의 관행'이었습니다.

> 너희는 너희의 전통을 고수하려고 하느님의 계명을 잘도 저버린다. 모세는 '아버지와 어머니를 공경하여라.' 그리고 '아버지나 어머니를 욕하는 자는 사형을 받아야 한다.'고 말하였다. 그런데 너희는 누가 아버지나 어머니에게 '제가 드릴 공양은 코르반, 곧 하느님께 바치는 예물입니다.' 하고 말하면 된다고 한다. 그러면서 아버지나 어머니에게 더 이상 아무것도 해드리지 못하게 한다. 너희는 이렇게 너희가 전하는 전통으로 하느님의 말씀을 폐기하는 것이다. 너희는 이런 짓들을 많이 한다.

'코르반קָרְבָּן'은 히브리어 발음을 그리스어로 그대로 옮긴 것으로 일반적으로 주님께 봉헌된 예물을 일컫는 말입니다. 즉 코르반은 '어떤 것을 축성해 신을 위해 따로 떼어놓은 것'을 밝히는 선언 양식에 사용된 표현입니다.[*] 그런데 예수는

---

[*] 염철호 편역, 『길 진리 생명 해설 성경 신약편』, 성바오로출판사, 2020, 174쪽 참조.

사람들이 부모를 위해 써야 할 것을 '코르반'이라는 명분 아래 '신을 위해 따로 떼어 놓은 예물'이라고 하면서 '부모를 공경하라'라는 중요한 계명을 어기는 모습을 질타한 것이죠.

내 눈앞의 이웃인 어르신을 돕는 행위, 즉 하느님의 뜻을 따르는 것과 내 부모를 공경하는 것은 각각 다른 중요함이지 하나를 버려야 하는 것이 아닙니다. 만약 하느님의 뜻을 따르는 행위를 위해 부모를 공경하라는 중요한 계명을 중요하지 않은 것처럼 설명하고 가르친다면 내가 섬기는 신은 과연 어떤 신인지 고민하게 될 것입니다. 진정 신의 뜻을 위한 것인지, 아니면 신의 뜻으로 포장한 다른 목적을 위한 것인지 말입니다.

분명한 것은 내 가족, 부모에 대한 정립 없이 그분을 따르는 행위는 모래성에 쌓는 누각과 같습니다. 그러한 내적 성장이 있어야 지금 나와 함께 하는 한 사람 한 사람을 내 형제이며 자매로 알게 될 것입니다.

사랑하여라.

이 말씀의 사랑은 일방적인 사랑이 아니라 서로 사랑하는 것입니다.

46

제 발은 절대로 씻지 못하십니다.

> Non lavabis mihi pedes in aeternum.
>
> 논 라바비스 미기 페데스 인 애테르눔.
>
> — 요한 13, 8

요르단 서안지구, 즉 팔레스타인 자치 구역에서 여기저기 돌아다니다가 숙소로 돌아와서 보면 신발이 뿌연 먼지로 뒤덮여 있습니다. 땀으로 범벅된 몸을 샤워하고 신발도 깨끗이 닦아줍니다. 예수 시대에도 팔레스타인은 먼지가 많은 곳이어서 샌들과 같은 신발을 신고 다니면 발은 먼지와 각종 오물로 뒤덮이게 됩니다. 이 때문에 밖에 나갔다가 집에 돌아오면 위생을 위해서 당연히 발을 씻었는데, 이것은 손님을 초대했을 때도 마찬가지였습니다.

손님의 발을 씻어주는 일은 하인들의 몫이었고, 만일 넉넉지 않은 살림이라서 하인이 없다면 주인은 손님이 직접 자기 발을 씻을 수 있도록 대야에 물을 담아 수건과 함께 제공했습니다. 그런데 다른 사람의 발을 씻어준다는 것은 너무 천한 일이어서 이 일을 한다는 것은 그 사람이 노예란 말과 같은 의미로 사용되었다고 합니다.[*]

예수가 제자들과 최후의 만찬을 했던 방은 거의 모든 예루살렘 성지 순례객이 들르는 장소인데, 오늘날 우리가 보는 '최후의 만찬'의 방은 12세기 십자군이 예루살렘을 이슬람으로부터 회복한 뒤에 새롭게 세운 것입니다. 성경에 따르면 이곳에서 예수는 최후의 만찬 때 식탁에서 일어나 겉옷을 벗고 수건을 들어 허리에 두른 다음 손수 제자들의 발을 씻어주고, 허리에 두른 수건으로 닦아 주었습니다.(요한 13, 4-5 참조)

스승이 제자의 발을 씻어주는 행위에 대한 대부분의 성경 주석은 섬김과 봉사의 가르침을 말합니다. 예수가 보여준 섬김의 가르침은 자신을 낮춰야 가능하고, 봉사는 위에서 내려다보는 자세로는 할 수 없다고 합니다. 그런데 이러한 해석은 복음의 말씀을 타인과 이웃을 향해서 해야 하는 섬김과 봉사

---

[*]　송봉모, 『용기를 내어라, 내가 세상을 이겼다 1』, 바오로딸, 2017, 24-28쪽 참조.

로 생각합니다. 물론 그래야 하고 그것도 맞습니다. 그러나 섬
김의 첫 대상은 누구보다 나 자신입니다. 발을 먼저 씻지 않고
식탁에 앉을 수 없는 것처럼, 우선 내 발을 먼저 씻지 않고 타
인의 발을 씻어줄 수 없습니다.

또한 저는 이 복음에서 두 인물을 봅니다. **통념을 깬 인간
과 여전히 통념 속에 사는 인간**입니다. 그리고 이 복음에는 그
통념이 어떻게 깨져가는지에 대한 묘사가 담겼습니다. 스승이
제자의 발을 씻어주는 행위는 당대의 관습에서 크게 벗어나
는 일로, 실로 '통념'을 깨는 행동이었습니다. 과거 우리 사회
가 그랬던 것처럼 기원후 1세기 팔레스타인에서도 제자는 스
승보다 앞서 걷지 않았고, 스승의 뒤를 따라갈 때 스승의 그림
자도 밟지 않았습니다. 이런 문화에서 스승인 예수가 제자의
발을 씻어준다는 것은 통용되지 않는 행위였을 겁니다.

또한 베드로의 발을 씻으려면 예수는 쪼그려 앉게 되고 베
드로는 예수의 머리 앞에 발을 올려야 하는데, 이는 그 발로
상대방의 머리를 때리는 행위를 상징합니다.[*] 그래서 시몬 베
드로는 "제 발은 절대로 씻지 못하십니다"라고 말한 것이지
요.(요한 12, 8) 이 구절의 그리스어 원문은 "제 발을 영원히 씻

---

[*] 송봉모, 『용기를 내어라, 내가 세상을 이겼다 1』, 바오로딸, 2017, 35-36쪽 참조.

〈베드로의 발을 씻어주신 예수〉, 포드 매독스 브라운, 캔버스에 오일, 116.8×133.3cm, 1852–6, 테이트 브리튼 미술관

지 못하십니다"입니다. 대중말 라틴어 성경도 그리스어 원문을 살려 '인 애테르눔in aeternum', '영원히'로 옮깁니다. 유한을 사는 인간이 영원히 안 된다고 하는 모순이 보입니다. 이를 우리말 성경은 상황에 맞춰 "제 발은 '절대로' 씻지 못하십니다"라고 번역한 것이고요.[*]

실제로 성경 속에는 신앙과 믿음의 통념을 넘은, 통념을 깨는 이야기들이 많습니다. 너무 천한 일이어서 노예란 말과 동의어가 된다고 해도 예수에게 다른 사람의 발을 씻어주는 일은 아무런 거리낌 없는 행동이었습니다. 그 행위가 그의 자존감을 건드리지 못합니다.

우리가 '평화'라고 번역하는 '샬롬'의 원 의미는 '온전함' 또는 '완전함'입니다. 우리는 온전해졌을 때 평화를 느낄 수 있습니다. 그런 점에서 통념을 넘은, 통념을 깬 예수야말로 진정 '샬롬(온전함)'을 체험하고 '샬롬(평화)' 안에서 살아가는 존재일 것입니다. 나아가 성인의 공부, 신앙인의 공부란 매일의 일상에서 '샬롬'을 사는 것이겠지요. 익숙함과 타성에 젖어 안주하지 않으려면 우리 안에 있는 수많은 통념은 무엇이고,

---

[*] 염철호 편역, 『길 진리 생명 해설 성경 신약편』, 성바오로출판사, 2020, 374쪽 참조.

그것을 어떻게 넘을지 방법을 찾아보는 것부터 시작해야 합니다.

그는 우리에게 말합니다.

> 내가 너희에게 한 것처럼 너희도 하라고, 내가 본을 보여 준 것이다. (요한 13, 15)

<u>47</u>

너희 마음이
산란해지는 일이 없도록 하여라.

Non turbetur cor vestrum.

논 투르베투르 코르 베스트룸.

— 요한 14, 1

저는 교구에 입적되기 전까지 예수 고난회라는 수도원에서 '유기 서원(수도 서원의 종류 중 기한이 정해진 서원)'을 했던 수사였습니다. 수도복에는 허리를 받치는 가죽으로 된 띠가 있었는데, 수사가 자신을 채찍질하는 용도로 사용했던 것으로, 이를 '편태'라고 불렀습니다. 자기 자신에 대해 무력감이 들 때, 불손한 욕정이 들 때, 형제를 미워할 때, 그런 자기 자신을 벌하고 마음을 바로잡기 위해 자기 등을 가죽 띠로 세차게 때리는 풍속이었습니다. 물론 현대의 천주교에서는 금하지만 1965

년 제2차 바티칸 공의회 이전까지 있었던 일부 수도회의 풍속이기도 했습니다. 그런데 편태를 써야 하는 여러 가지 이유보다 제가 가장 힘들었던 것은 바로 저 자신이 저를 괴롭게 하는 것이었습니다.

그 시절 감명 깊게 읽었던 책이 있었는데, 그게 바로 토마스 아 켐피스의 『그리스도를 본받아』입니다. 그 당시엔 『준주성범』이라는 제목이었고, 지금도 이 제목이 더 익숙한 분들이 있을 겁니다. 그 가운데 이 대목이 큰 위로가 되었습니다.

어떤 때는 하느님께 버림을 받을 때도, 어떤 때는 다른 사람 때문에 괴로움을 겪을 때도 있을 겁니다. 그러나 그보다 더 어려운 것은 너 자신이 너에게 괴로움이 되는 때일 겁니다. 하지만 이러한 괴로움에서 벗어나게 하거나 이 괴로움을 경감시켜줄 수 있는 약도 위로도 없습니다. 하느님께서 원하시는 그때까지 견딜 수밖에 없습니다. 사실 하느님은 네가 위로 없이 어려움을 극복하는 법을 배우기를 바라시고, 너를 온전히 그분께 내맡기길 바라시며 고통을 통해 더 겸손하게 되길 바라십니다.

Interdum a Deo relinqueris, interdum a proximo exercitaberis, et quod amplius est saepe tibimetipsi gravis eris.

Nec tamen aliquo remedio vel solatio liberari seu alleviari
poteris, sed donec Deus voluerit, oportet ut sustineas. Vult
enim Deus ut tribulationem sine consolatione discas pati, et
illi totaliter te subiicias et humilior ex tribulatione fias.

인테르둠 아 데오 렐린쿼리스, 인테르둠 아 프록시모 엑세르치
타베리스, 에트 쿼드 암플리우스 에스트 새페 티비메트입시 그
라비스 에리스. 넥 타멘 알리퀴 레메디오 벨 솔라티오 리베라리
세우 알레비아리 포테리스, 세드 도넥 데우스 볼루에리트, 오포
르테트 우트 수스티네아스. 불트 에님 데우스 우트 트리불라티
오넴 시네 콘솔라티오네 디스카스 파티, 에트 일리 토탈리테르
테 수비이치아스 에트 후밀리오르 엑스 트리불라티오네 피아스.

— 토마스 아 켐피스, 『그리스도를 본받아』 2, 12, 4

저 자신이 저에게 괴로움이 될 때, 저는 그 문제를 어떻게
해결해야 할지 몰랐습니다. 물론 지금도 잘 모릅니다만, 그 당
시 저에게 『그리스도를 본받아』는 뭔가를 버틸 힘처럼 느껴졌
습니다. 이 책은 네덜란드의 수도사 토마스 아 켐피스(약 1380-
1471)가 지은 것으로 추정하기에 수도원에서 집필되었을 거라
고 짐작합니다. 당대에 사람들이 성경 다음으로 소장했을 만
큼 독자의 사랑을 받은 책이기도 합니다. 이 책이 그토록 관심

받은 것은 이론적인 사색보다는 영성에 집중했기 때문에 대중의 목마름을 충족시켜줄 수 있었던 것이 아닌가 합니다.

그렇다면 책이 집필된 그 시대에 사람들의 목마름은 무엇이었을까요? 그것은 바로 '불안'을 해소하는 것이었습니다. 15세기에는 교회와 정치의 격동으로 개인의 마음속에는 여러 형태의 불안이 존재할 수밖에 없었습니다. 사람들은 적어도 그 불안을 이해할 수 있는 언어로 설명해줄 수 있는 책을 바랐고, 교회답지 못한 교회가 쇄신되기를 희망했지요. 그런 때에 등장한 이 책은 15-16세기에 막대한 영향을 끼쳤는데요. 프로테스탄트 종교개혁을 위시하여 로욜라의 이냐시오 (1491-1556)가 주동한 영성 운동에 이르기까지 종교 운동의 기준점이 되었습니다. 나아가 『그리스도를 본받아』를 통해 '새로운 신심 운동', '근대적 영성'을 의미하는 '데보티오 모데르나devotio moderna'가 탄생하게 됩니다.[*]

오늘날 이 책을 다시 읽으며 생각해봅니다. 개인의 개념이 정착되지 않았던 중세와 근세에는 자신의 문제에 대한 책임을 개인의 문제로 돌렸습니다. 반면 개인의 개념이 정립된 현

[*] 움베르토 에코 기획, 김효정·주효숙 옮김, 차용구·박승찬 감수, '종교적 불안', 안토니오 디 피오레, 『중세IV: 탐험, 무역, 유토피아의 시대』, 시공사, 2018, 239-241쪽 참조.

대에는 사회와 연관된 개인의 문제를 단순히 개인의 문제로만 보게 하려는 데서 우리의 어려움이 시작됩니다. 그것이 불교에서 말하는 '진아眞我'의 문제이든 소크라테스가 말한 '너 자신을 알아야 할' 문제이든 간에, 바깥의 도움이 필요한 사람에게 도움이 전해지기 어려운 것이 현대의 문제가 아닌가 합니다. 물론 지금 이 시대는 심리학이 그 어느 때보다 발전해서 개인이 안고 있는 여러 어려움에 대해 잘 설명해줄 수 있는데도 말이지요.

『그리스도를 본받아』는 궁극적으로 '잘 죽는 기술'에 대해 설명한 책이지만 그것은 동시에 현세를 '잘 사는 법'에 대한 이야기이기도 했을 겁니다. 오늘날 우리는 '나'를 찾으려고 혼자서 지나치게 애쓰지 말아야 할지도 모릅니다. 스스로 자기 모습이 어떤지 바라보고 성찰하는 과정에서 자기 자신을 볼 수도 있지만, 사실은 더 많은 순간에 타인과의 관계에서 자기 자신을 마주할 수 있기 때문입니다.

여기에서 저는 '현대적 영성'을 의미하는 '데보티오 콘템포랄리스devotio contemporalis'는 무엇일까 생각해봅니다. 현대의 영성은 고독과 외로움, 마음의 산란함을 개인의 문제로 보지 않는 데 있다고 봅니다. 여러 곳에서 강연하다 보면 좋은 책들과 강연으로 이미 내적으로 충만한 분들이 자리를 채우고 있을 때가 많다고 느낍니다. 강연자로서는 그분들에게 고마운 마음이 들기도 하지만 한편으로는 '정말 필요한 사람들은 듣지 못하는구나' 하는 생각이 들 때가 많습니다.

　빈부의 차이라는 것은 단순히 경제적 차이만을 의미하는 것이 아니라고 느낍니다. 보통은 사랑의 궁핍으로 인한 고통을 가난하다고 말하지 않지만 이런 유형의 가난이 없애기는 더 어렵습니다.* 현대의 영성은 마음이 가난하고 산란해 힘들어하는 사람들에게 다가가는 일일 것입니다. 사회와 국가가 함께, 개인이 개인의 문제를 온전히 바라볼 수 있는 능력을 키우는 것, 그것이 지금 우리 앞에 놓인 과제인지도 모릅니다.

---

* 　마더 테레사 말과 글, 브라이언 콜로제이축 신부 엮음, 오숙은 옮김, 『먼저 먹이라』, 학고재, 2016, 23쪽 참조.

48

소금은 좋은 것이다.
그러나 소금이 짠맛을 잃으면
무엇으로 그 맛을 내겠느냐?

> Boum est sal: quod si sal insulsum fuerit,
> in quo illud condietis?
>
> 보눔 에스 살: 쿼드 시 살 인술숨 푸에리트,
> 인 퀴 일루드 콘디에티스?
>
> — 마르 9, 50

어렸을 적 이 성경 구절을 접할 때면 참으로 이해가 되지 않
았습니다. 소금이 다 짜지, 안 짠 소금이 어디 있을까? 했던 것
이죠. 짠맛을 잃은 소금을 본 적이 없기 때문입니다.

성경의 무대가 되는 이스라엘 지역에서는 사해처럼 염분
이 많은 호수가 말라붙어 암맥이나 지층에 대량의 층을 이룬
광물질이나 암염을 짠맛을 내는 데 애용했다고 합니다. 그러
나 이 물질은 오랜 시간 비와 햇빛에 노출되어 짠 성분이 모
두 씻겨 내려가거나 분해되어 불순물만 남는데, 얼핏 보기에

는 하얀 소금 같지만 실상은 단순한 퇴적 광물질일 경우가 많다고 합니다. 마치 짠맛을 잃은 소금 같아 보입니다.

또 하나는 아주 오래전 신학교의 외부 특강에서 교부학을 전공하신 신부님이 해주신 말씀입니다. 중동 지방에서는 흙으로 만든 화덕에 무엇인가를 구울 때, 이유는 모르겠지만 화덕 안쪽에 소금을 바른 뒤 사용했다고 합니다. 그런데 새 화덕을 만들기 위해 기존의 화덕을 깨면 안쪽 벽에 붙은 소금이 나오는데, 이 소금은 짠맛을 잃은 것이었다고 합니다. 이것은 쓸모가 없으니 버려졌다고 하고요. 아주 흥미로운 이야기여서 계속 기억에 남아 있었는데, 아쉽게도 이 내용을 뒷받침할 만한 자료는 찾지 못했습니다. 아무튼 짠맛을 잃은 소금은 이런 경우라고 합니다. 지금 우리가 생각하기에는 조금 이해하기 어려운 비유일 수 있으나, 당시 유대인들에게는 바로 알아들을 수 있는 비유였을 것입니다.

몽테뉴의 『에세 1』의 8장 「무위에 관하여」에는 "확고한 목표가 없는 영혼은 길을 잃고 만다. 사람들이 말하듯 도처에 있다는 것은 아무 데도 없다는 뜻이기 때문이다"*라는 글이 있

* 미셸 드 몽테뉴, 심민화, 최권행 옮김, 「8장 무위에 관하여」, 『에세 1』, 민음사, 2022, 81쪽 인용.

습니다. 몽테뉴는 다시 같은 책에서 고대 로마의 풍자시인 마르티알리스Marcus Valerius Maritialis, 기원 후 40-102?의 짧은 풍자시를 라틴어 원문 그대로 인용합니다. 그 원문은 다음과 같습니다.

막시무스여, 어디에나 사는 사람은 어디에도 살지 않는 것이라네.

Quisquis ubique habitat, Maxime, nusquam habitat.

퀴스퀴스 우비퀘 하비타트. 막시메, 누스쾀 하비타트.

— 마르티알리스, 「짧은 풍자시Epigramma」, 7. 73.

원문의 '하비타트habitat'라는 동사는 일반적으로 '살다'라는 뜻으로 사용하지만 드물게 '있다'라는 의미로도 쓰기 때문에 "어디에나 있는 것은 어디에도 없다"라고도 옮길 수 있습니다.

짠맛을 잃은 소금.

이 말씀을 묵상하며 **비슷한 것은 같은 것이 아니다**라는 생각이 들었습니다. '**어디에나 있는 것은 어디에도 없는 것**'이라는 말과 '**비슷한 것은 같은 것이 아니다**'라는 말은 그 의미와 맥락이 통하는 것 같습니다. 소금은 좋은 것, 꼭 필요한 것이고 그 고유한 맛과 기능은 그 어떤 것으로 대체할 수 없습니다. 그렇기 때문에 소금처럼 보이고 소금과 비슷하다고 진짜 소금은 아닌 것처럼 비슷한 것은 같은 것이 될 수 없습니다.

같은 맥락으로 성직자처럼 보이고 교회처럼 보인다고 해서 성직자이고 교회인 것은 아닙니다. '그것' 혹은 '그것과 같음'이 필요한(요구되는) 곳에서 '비슷한 것'은, 제맛을 잃은 소금이 쓸모가 없어져 버려진 후 사람들 발에 짓밟히는 것처럼 될 것입니다.(마태 5, 13 참조) 그래서 오늘날 성직자가, 그리고 교회가 서서히 외면받는 것은 아닌지 생각해보아야 합니다. 이 시대에 성직자의 짠맛, 교회의 짠맛은 무엇일까요?

<u>49</u>

그의 집 대문 앞에는
라자로라는 가난한 이가
종기투성이의 몸으로 누워 있었다.

Et erat quidam mendicus nomine Lazarus,
qui iacebat ad ianuam eius ulceribus plenus.

에트 에라트 퀴담 멘티쿠스 노미네 라자루스,
퀴 이아체바트 아드 이아누암 에유스 울체리부스 플레누스.

— 루카 16, 20

어떤 부자가 있었는데, 그는 자주색 옷과 고운 아마포 옷을
입고 날마다 즐겁고 호화롭게 살았다. 그의 집 대문 앞에는
라자로라는 가난한 이가 종기투성이의 몸으로 누워 있었
다. 그는 부자의 식탁에서 떨어지는 것으로 배를 채우기를
간절히 바랐다. 그러나 개들까지 와서 그의 종기를 핥곤 하
였다. (루카 16, 19-21)

Homo quidam erat dives, qui induebatur purpura et bysso
et epulabatur cotidie splendide. Et erat quidam mendicus

255

nomine Lazarus, qui iacebat ad ianuam eius ulceribus plenus,
cupiens saturari de micis, quae cadebant de mensa divitis, et
nemo illi dabat; sed et canes veniebant et lingebant ulcera.

호모 퀴담 에라트 디베스, 퀴 인두에바투르 푸르루라 에트 비쏘
에트 에풀라바투르 코티디에 스플렌디데. 에트 에라트 퀴담 멘
티쿠스 노미네 라자루스, 퀴 이아체바트 아드 이아누암 에유스
울체리부스 플레누스, 쿠피엔스 사투라리 데 미치스, 쾌 카데반
트 데 멘사 디비티스, 에트 네모 일리 다바트; 세트 에트 카네스
베니에반트 에트 린제반트 울체라.

루카복음을 읽다 보면 '부자와 라자로의 비유'(루카 16, 19-
31)가 맥락 없이 나오는데, 이 이야기를 읽다가 뜬금없는 옛
생각이 났습니다. 90년대 부산에서 서울로 올라올 때 당시로
서는 가장 빠른 새마을호를 타면 4시간 반 가까이 걸렸는데,
그 길에 조선시대에 부산에서 서울(한양)로 과거 시험을 보러
가는 이들을 상상해본 적이 있습니다.

부산에서 서울까지는 대략 걸어서 한 달 정도 걸렸다고 하
는데, 수험생의 처지에서 한양에 거주하는 응시생들과 비교해
보면 엄청나게 불리한 조건이었을 겁니다. 중요한 시험을 코
앞에 두고 한 달이나 매일 걸어야 한다는 것 자체가 상당한

부담이었겠지요. 물론 그러한 불리한 조건을 염려해 미리 서울에 올라와 지낸다고 해도 여러 체류 비용이나 여비를 고려하면 불리한 상황인 것은 마찬가지입니다. 그때도 서울에 살아야 유리한 게 많았겠구나 생각하면서 겨우 4시간 반 만에 서울에 도착했었습니다.

요즘은 KTX를 타면 그보다 훨씬 빠른 속도로 서울과 부산 사이를 오갈 수 있습니다. 그러나 짧아진 이동 시간만큼이나 남은 시간을 어떻게 보내야 할지, 더 많은 시간이 주어지는 것이 과연 내게 행복한 것인지를 묻게 됩니다. 또한 이동 시간의 차이 또한 인간의 인식에 이해하기 힘든 많은 제한과 장벽이 되기도 합니다. 오늘날 우리의 이동 속도 개념으로 조선시대의 이동 속도와 그에 따른 인식과 일상의 속도를 비교하는 것은 현실적으로 쉽지 않습니다. 시간이 주는 벽이지요.

어미 없이 태어난 아이.

Prolem sine matrem creatam.

프롤렘 시네 마트렘 크레아탐.

이 문구는 1748년 간행된 몽테스키외의 『법의 정신』 속표지에 있는 문장입니다. 그는 자신의 책은 다른 어떤 책을 모델로 삼은 것이 아닌, 독창적인 책임을 강조하기 위해 "어미 없이 태어난 아이"라는 문구를 넣었다고 합니다.[*] 그런데 현대 사회가 안고 있는 문제들도 "어미 없이 태어난 아이"라는 문구처럼 이전의 다른 어떤 것을 모델로 삼을 수 없는 독창적인 해결책을 요구하기에 더 힘든 것 같습니다.

그런 의미에서 성경 속 '부자와 라자로의 비유'의 위치는 뜬금없이 느껴지지만 그 메시지만은 상징적으로 전달됩니다. 이 비유에 등장하는 인물은 부자와 종기투성이의 가난한 라자로입니다. 이야기 자체로 봐서는 부자나 가난한 라자로나 특별히 선하거나 악한 사람은 아닌 것 같습니다. 복음은 부자와 가난한 라자로의 선명하게 대비되는 삶을 그리면서 이들이 죽어서는 완전히 상황이 역전된 모습을 이야기합니다.

그런데 이들의 상황이 왜 역전되었는지는 나오지 않습니다. 다만 부자는 살아 있는 동안에 좋은 것들을 받았고 라자로는 나쁜 것들을 받았기에 라자로는 이제 천국에서 위로를 받고 부자는 고초를 겪는 것이라고 말합니다.(루카 16, 25 참조) 혹자는 부자의 잘못은 담과 대문으로 표상되는 바깥 세계에 대한 단절과 무관심이라고 이야기합니다. 이때 "우리와 너희 사

---

[*] 몽테스키외, 진인혜 옮김, 『법의 정신 3-1』, 나남, 2023, 속표지.

이에 큰 구렁이 가로놓여 있어, 여기에서 너희 쪽으로 건너가려 해도 갈 수 없고 거기에서 우리 쪽으로 건너오려 해도 올 수 없다"(루카 16, 26)라는 말씀에서 단절과 무관심의 이유를 알 수 있습니다.

넘어올 수 없는 구렁과 경계, 분단.

이것은 사람을 단순히 공간적으로만 분리하지 않습니다. 넘어올 수 없는 구렁과 경계는 사람의 마음도 둘로 나누어 '친구가 아니면 적'이란 이분법적 사고를 만듭니다. **그가 우리에게 말하는 것은, 가로놓인 큰 구렁 앞에서 이쪽과 저쪽을 자유롭게 오갈 수 있는 길을 찾고 만들어야 한다,라는 겁니다.** 현재 우리에게 필요한 것이 위대한 영웅은 아닙니다. 그보다는 마음을 열고 듣고 말하며 합의의 산물을 도출하고 그것을 다 함께 지키려고 노력하는 일반 지성일 겁니다.

50

누구든지 사람들 앞에서 나를 안다고
증언하면, 나도 하늘에 계신 내 아버지 앞에서
그를 안다고 증언할 것이다.

Omnis ergo qui confitebitur me coram hominibus,
confitebor et ego eum coram Patre meo qui in caelis est.

옴니스 에르고 퀴 콘피테비투르 메 코람 호미니부스,
콘피테보르 에트 에고 에움 코람 파트레 메오 퀴 인 챌리스 에스트.

— 마태 10, 32

최대 다수의 최대 행복. 우리는 이 말을 제러미 벤담이 말한 공리주의의 표어라고 알고 있습니다만, 사실은 18세기 밀라노의 경제학자이자 사회과학자였던 체사레 베카리아Cesare Beccaria, 1738-1794가 자신의 책 『범죄와 형벌Dei delitti e delle pene, 1764』에서 쓴 표현입니다. 그는 처벌은 사람들이 스스로 입는 피해보다 더 큰 피해를 남에게 가하는 것을 막기 위해서 쓰일 때만 타당하다고 하면서, 처벌은 범죄가 주는 피해에 비례해야 한다고 말합니다. 이것은 **당신이 살아 있어야 내가 행복할 수**

있다는 생각의 전환입니다. 최대 다수의 최대 행복은 당신이 살아 있어야, 당신이 잘되어야 내가 잘될 수 있다는 믿음에서 출발합니다.

인간의 위대함은 개인의 문제를 개인의 문제로만 바라보지 않는 것, 당신이 잘 있어야 내가 잘 있을 수 있다는 그 태도에서 시작합니다. 연결된 고통 안에서 사랑도 찾을 수 있습니다. 또한 개인의 실패는 곧 우리의 실패로 이어지지요. 그렇다면 우리는 타인의 실패를 어떻게 받아들일지 준비가 되어 있을까요? 타인의 실패를 받아들이는 태도에서 나의 실패를 받아들이는 태도가 결정됩니다. 타인의 실패를 보려 하지 않거나 비난하게 되면 개인과 사회는 자신의 실패도 보기 힘들게 됩니다.

비상구 없는 비상 사회.

안전을 보장할 수 없는 사회의 위험과 위기를 우리는 이미 체험했고 지금도 그 안에서 살고 있습니다. 나의 실패, 타인의 실패를 함께 보고 고민하는 것은 더 이상 개인의 문제도, 선택의 문제도 아닙니다. 시몬에서 베드로가 되기까지 수많은 체험과 개인의 의지가 있었지만, 거기에는 한 개인을 도와주는 수많은 타인과 외적인 환경이 있었습니다. 어느 개인도 타인 없이 성장할 수는 없습니다.

아프고, 고독하고, 외롭고, 때론 실패하는 모습에서 '나는 인간이다'라고 말해야 할까요? 우리가 말 그대로 진정한 인간이고자 한다면 그게 단지 너의 책임, 나의 책임이라고 말하지 않는 데 의미가 있습니다. 인간적인, 지극히 인간적인 인간의 존재 가치는 그것을 개인의 문제로 보지 않는 데 있습니다. 그것은 단순히 이타적이려는 것이 아니라 지극히 소심한 개인주의자를 위한 것입니다. **우리가 타자적이어야 역설적으로 개인주의가 보호받습니다.**

시몬 베드로를 통해 교회가 반석 위에 세워져 확장되고 커나갔다는 것은 시몬 베드로를 통해 한 개인을 제대로 바라볼 수 있고 성장해나갔음을 의미합니다. 인간은 제 손톱 밑의 가시를 타인의 고통보다 훨씬 크게 느끼지만, 그러한 인간의 성향과 조건은 비판받을 것도, 비난의 대상도 아닙니다. 인간적인, 지극히 인간적인 것일 뿐입니다. 그러나 그럼에도 다시금 인간 존재의 의미를 묻습니다. 함께 할 때 나의 실패와 너의 실패가 의미가 있고, 너와 나의 삶이 힘들지라도 의미가 있습니다.

삶은 한 번의 구호와 결심으로 개선되지 않지만, 우리가 함께 하고자 한다면 다른 세상을 꿈꾸고 또 꿈꿀 수 있습니다. 그것은 인간만이 가진 능력입니다. 이것을 인간적인, 지극히 인간적인 것이라고 말하고 싶습니다. 그리고 간절히 인간이고 싶은 소심한 개인주의 또한 타인 역시 간절히 인간이고 싶어 한다는 것을 알고 공감하는 데서 시작할 겁니다.

그가 우리에게 말합니다.

그러므로 누구든지 사람들 앞에서 나를 안다고 증언하면, 나도 하늘에 계신 내 아버지 앞에서 그를 안다고 증언할 것이다. (마태 10, 32)

_51_

그러나 저는
바로 이때를 위하여 온 것입니다.

Sed propterea veni in horam hanc.

세드 프롭테레아 베니 인 호람 한크.

— 요한 12, 27

이제 제 마음이 산란합니다. 무슨 말씀을 드려야 합니까?
'아버지, 이때를 벗어나게 해주십시오' 하고 말할까요? 그
러나 저는 바로 이때를 위하여 온 것입니다. (요한 12, 27)
Nunc anima mea turbata est: et quid dicam? Pater, salvifica
me ex hac hora. Sed propterea veni in horam hanc.
눈크 아니마 메아 투르바타 에스트: 에트 퀴드 디캄? 파테르, 살
비피카 메 엑스 학 호라. 세드 프롭테레아 베니 인 호람 한크.

요한은 겟세마니에서 예수가 고뇌에 빠진 이야기를 전하지 않습니다.(마르 14, 26-38과 병행구들 참조) 그 대신 예수의 마음이 산란한 것이 도리어 예수가 지닌 하느님으로서의 모습을 드러내는 기회로 봅니다.[*] 이 구절의 원문에 쓰인 그리스어 '테타락타이$_{τεταρακται}$'는 가톨릭 성경에서는 '산란합니다'로, 개역개정과 새번역 성경에선 '괴로우니'로 번역합니다. 이 산란하고 괴로운 마음으로 뭐라고 말할 수 있을까요? 성경도 그대로 그렇게 표현합니다. "무슨 말씀을 드려야 합니까?"

어떤 '때'가 가까이 오면 인간의 마음은 산란하고 괴로운 경우가 많습니다. 가령 '시험'을 예로 들어보면, 저는 학창 시절에 시험을 앞두고 무척 긴장하고 떨었습니다. 돌아보면 시험에 담대하게 임한 적이 거의 없었던 것 같습니다. 이런 마음 상태는 그 이후에도 매번 다른 현장에서, 다른 대상을 향해 강연하거나 방송 프로그램을 녹화할 때도 마찬가지였습니다. 지금도 여전히 긴장합니다. 하지만 나이가 드니 좋은 점도 있습니다. 이런 일에 조금은 무뎌지기 시작했고 긴장도 조금은 누그러졌습니다.

[*] 염철호 편역, 『길 진리 생명 해설 성경 신약편』, 성바오로출판사, 2020, 372쪽 참조.

무엇을 해야 할 때와 무엇이 지나간 때는 또 다른 시간의 개념으로 우리를 힘들게 합니다. 주어진 시간은 날마다 같지만 그 시간을 겪는 나는 매번 다르기 때문입니다. 돌아보면 선택과 결단의 순간이 다가올 때 "이때를 벗어나게 해주십시오"라고 기도를 많이 했습니다. 하지만 성경에서 예수는 오히려 '이때를 위하여 온 것'이라고 말합니다. 혹시 우리가 우리 자신이 되기 위해서 이 순간을 맞은 것이라면, 이때 우리에게 필요한 것이 무엇인지 생각해보게 됩니다.

그것은 아마 함께 고통을 겪는 '콤파씨오compassio'일 겁니다. 실제 사전적 의미가 그런 것처럼 함께 고통을 겪는다는 의미에서 '동정'이란 뜻도, '연민'이란 뜻도 나옵니다. 여기서 함께 고통을 겪을 제일 첫 번째 대상은 '내가 나다'이겠지만, 우리는 그것을 통해 **'내가 너다'로 이어지는 것이 십자가의 가치**임을 잊지 말아야 할 것입니다.

함께 고통을 겪는 **십자가는 공감의 장소**입니다. 이를 생각할 때 "누구든지 내 뒤를 따라오려면, 자신을 버리고 제 십자가를 지고 나를 따라야 한다"(마태 16, 24)라는 말이 혹독하게만 느껴지지 않을 수 있습니다. 즉 누구든지 내(예수) 뒤를 따라오려면, '내가 나다'가 되게 하려면, 기존의 자신을 버려야 한다는 의미와 함께 '공감'이라는 십자가를 지고 나(예수)를

〈십자가 예수 밑의 두 마리아와 성 요한〉, 엘 그레코, 캔버스에 오일, 120×81cm, 1600-1610, 그리스 아테네 국립미술관

따라야 한다는 말로 이해할 수 있기 때문입니다.

　무엇보다 실패하고 무너지고 꺾인 내 마음에 너무 깊이 빠지지 않는 일이 필요합니다. 자책으로 괴로운 나를 더 몰아붙이는 일이니까요. 혹은 자기 자신에 대한 공감에 다소 무뎌져야 할 때도 있습니다. 그때 우리는 각자 자기 몫의 십자가를 지는 것입니다. 십자가에는 내가 나에게 가는 길과 내가 너에게 가는 길이 교차해 있습니다. 십자가는 항상 우리 곁에 준비된 듯 놓여 있고 우리를 도처에서 기다리고 있습니다.

52

숨겨진 것은 드러나기 마련이고
감추어진 것은 알려지기 마련이다.

Nihil autem opertum est, quod non reveletur,
neque absconditum, quod non sciatur.

니힐 아우템 오페르툼 에스트, 쿼드 논 레벨레투르,
네쾌 압스콘디툼, 쿼드 논 쉬아투르.

— 루카 12, 2

성경에서 두려움을 안심시키는 전형적인 어법은 "나다, 두려
워하지 마라"(요한 6, 20)입니다. 예수는 당신 자신을 가리키는
"나다"라는 말과 함께 "두려워하지 마라"라고 말씀하십니다.
앞에서도 이야기했다시피 요한복음에서 특히 자주 사용하는
표현인 "나다"는 히브리어 성경에서 주님이 자신을 계시하실
때 사용한 말입니다.[*]

성경에서는 인간이 신과 만났을 때 느끼는 감정을 두려움
으로 표현합니다. 하지만 두려움은 인간이 신을 만났을 때만

이 아니라 인간이 자기 자신을 바라볼 때도 생기는 감정입니다. 좋은 선택 그러나 쉽지 않은 선택을 해야만 할 때, 무의식적인 행동이라고 말한 것이 실상은 무수한 선택의 축적분으로 이루어진 의식적인 행동이라는 점을 인정해야 할 때, 인간은 두려움을 느낍니다. 다시 말해 숨겨진 것이 드러나고 감추어진 것이 알려지기 시작할 때 인간은 두려움을 느끼지요.

그렇다면 이러한 두려움은 어디에서 출발하는 것일까요? 그 시작은 우리와는 아주 무관하고 동떨어진 것으로 생각할 수 있지만, 사실은 내 안에 있는 교만과 어리석음이라는 인식의 틀에서 시작할 때가 많았습니다.

독일의 신학자 불트만은 교만에 대해 '인간이 자기 자신을 이 세상의 주인이며 삶의 주인인 양 착각하는 것'이라고 했는데,[**] 제가 생각하는 교만은 사람이 자기 자신과 자신의 조건에 대해 잘못된 개념을 갖는 것입니다. 교만한 마음은 모든 것을 자기가 원하는 대로 보려 하며, 자기가 이 세상에서 가장 중요하고 가치 있는 존재이기 때문에 다른 사람을 지배해도

---

[*] 염철호 편역, 『길 진리 생명 해설 성경 신약편』, 성바오로출판사, 2020, 347; 357쪽 참조.
[**] 한국가톨릭대사전 편찬위원회, 〈교만〉, 『한국가톨릭대사전 1』, 한국교회사연구소, 1994, 605쪽 참조.

된다고 생각하는 마음 자세입니다. 저를 돌아보면, 제가 저지른 실수 중 흔한 것은 '충고'를 가장한 '분노'의 표출이었습니다. 그것은 교만한 마음에서 나온 것이었지요. 반면 어리석음은 마음속에 있는 의도보다는 외적인 것에 더 신경을 써서 일관성 없는 태도를 낳기도 합니다.[***]

인간은 자신이 욕망하고 선택한 것을 통해 만들어집니다. 하지만 세상에는 인간 자체를 파멸로 이끌고 인간을 나약하게 만들기 위한 온갖 유혹들이 있습니다. 이런 까닭으로 우리는 깨어 있어야 하는데, 그것은 숨겨진 것은 드러나고 감추어진 것은 알려지기 때문입니다. 하지만 이조차 탐욕에 의해 드러나지 못할 때가 많지요.

루카복음사가는 탐욕을 '플레오넥시아πλεονεξίας'(루카 12, 15)라는 그리스어 단어를 사용해 표현했는데요. 이 단어는 가진 것에 만족하지 못하고 항상 더 갖기를 원하는 사람들에게서 보이는 끊이지 않는 갈망을 뜻하는 단어입니다.[****]

[***] C. M. 마르티니, 이재숙 옮김, 『베드로의 고백』, 성바오로출판사, 1996, 76-78쪽 참조.

[****] 염철호 편역, 『길 진리 생명 해설 성경 신약편』, 성바오로출판사, 2020, 272쪽 참조.

가난한 사람은 적게 가진 사람이 아니라

더 많은 것을 갈망하는 사람이다.

Non qui ;arum habet, sed qui plus cupit, pauper est.

논 퀴 파룸 하베트, 세드 뷔 플루스 쿠피트, 파우페르 에스트.

— 세네카, 「루키우스에게 보는 서한」 중에서

세네카의 이 문장을 읽었을 때, 저 역시 이미 충분히 가진 것이 많고 감사할 것이 많은데 없는 것에만 집착해서 스스로 가난해지는구나,라고 느낀 적이 있습니다. 탐욕은 숨겨진 것이 드러나지 못하게 하고 감추어진 것이 알려지지 못하도록 할 때가 많습니다. 이렇듯 사람은 누구나 약한 상황에 놓일 때가 있지요. 그때 우리를 위로해주는 한 마디가 있습니다.

'우리', '함께'.

그리스어에는 '호모포노스^{ὁμόφωνος}'라는 말이 있습니다. 이 말은 '같은 말을 하고, 일치와 공동으로 같은 소리를 만든다'라는 의미입니다. 즉 사람은 같은 마음을 가질 수 있는 존재로서 하나의 일치된 의도, 사고, 감정을 가진다는 뜻입니다. 현대 세계에서는 교만과 어리석음, 탐욕을 혼자서 극복하기란 너무 힘듭니다. 그래서 우리에겐 호모포노스가 필요합니다. 한마음을 품고 같은 마음을 가진 존재임을 기억하며 지금 우리 앞에 놓인 교만과 어리석음, 탐욕을 함께 극복해나가고자 하는 마음 말입니다.

그가 우리에게 말합니다.

여러분은 모두 생각을 같이하고 서로 동정하고 형제처럼 사랑하고 자비를 베풀며 겸손한 사람이 되십시오.
(1베드 3, 8)

혹자는 감성적인 이상이라고 말할 수 있습니다. 그러나 우리에게는 함께 꿈꿀 수 있는 이상理想이 필요합니다. 거기에서 지금까지와는 다른 이상異常이 생길 겁니다. '일어나 가자'는 바로 이러한 맥락에서 나온 말입니다.

53

'에파타!' 곧 '열려라!'

Ephphetha, quod est adaperire.
에프페타, 쿼드 에스트 아다페리레.

— 마르 7, 34

마르코복음 7장 34절은 예수가 티로 지역을 떠나 시돈을 거쳐 데카폴리스 지역 한가운데를 가로질러 갈릴래아 호수로 돌아올 때, 사람들이 귀먹고 말 더듬는 이를 데리고 와서 고쳐 달라고 청하자, 예수가 그를 낫게 해주시는 모습에서 나온 말입니다. 귀먹고 말을 더듬는다는 묘사에서 지금 우리 시대의 어려움이 바로 이 문제가 아닌가 생각합니다.

종교도, 정치도 사람들은 자신이 듣고자 하는 것만 듣고 보고자 하는 것만을 보려고 합니다. 그것은 신체적으로 듣지 못하고 말을 더듬는 물리적인 어려움이 오늘날 우리가 귀먹고 말을 더듬는 것과 무엇이 다른가 하고 반문하게 합니다. 사실 우리의 어려움 가운데 상당 부분은 듣고자 하는 것만을 듣고, 보고자 하는 것만을 보는 데서 옵니다. 이런 점에서 이사야 예언자의 말씀은 의미심장하게 다가옵니다.

그는 외치지도 않고 목소리를 높이지도 않으며
그 소리가 거리에서 들리게 하지도 않으리라. (이사 42, 2)

그럼에도 불구하고

말도 없고 이야기도 없으며 그들 목소리조차 들리지 않지만 그 소리는 온땅으로, 그 말은 누리 끝까지 퍼져나가네.
(시편 19, 4-5)

아픈 사람을 치유하는 과정에서 예수가 하늘을 우러러보는 것은 오직 이 대목에서만 나옵니다. 예수의 한숨은 그가 이 병자의 가련한 상황에 마음 깊은 데서부터 함께 하고 있음을 나타낸 모습일 것입니다. 그리고 그의 입에서 강력한 한마디가 나옵니다.

"에파타(열려라)!"

마르코복음 5장 41절의 "소녀야, 내가 너에게 말한다. 일어나라(탈리타 쿰)!"라는 말씀과 오직 여기에서만 예수의 명령이 아람어로 표현된 다음 그리스어로 번역됩니다.[*]

열리기 위해선 들어야 하고 보아야 합니다. 그것은 '너'보다 훨씬 부조리하고 모순된 '나'를 듣고 보는 것입니다. 하지만 저는 제 생각으로 가득 찼을 때 듣지 못하고 보지 못했고, 저를 찾으려 노력할수록 찾지 못했습니다. 많은 순간 충고와 권고라는 명목으로 제 생각을 강권하는 태도로는 들을 수도 볼 수도 없었습니다.

그래서 저는 외롭고 아플 때 기도합니다. 아픔과 고통 중에 사는 사람의 모습에서 내 귀와 입을 열어달라고요. 아픔은 나눌 때 작아지는 것이 아니라 타인의 아픔을 보기 시작할 때 작아지기 시작합니다.

그래서 우리는 '열어야' 합니다.

'나'에 대해서, '서로'에 대해서, '우리'에 대해서.

[*] 클레멘스 슈톡 지음, 염철호 옮김, 『마르코가 전하는 기쁜 소식』, 성서와 함께 2022, 184쪽 참조.

예수는 지금도 여전히 하늘을 우러러 한숨을 내쉰 다음 우리를 향해 "열려라" 하고 기도하고 계실 겁니다.

글을 마치면서

하늘에서와 같이 땅에서도 (마태 6, 10)

sicut in caelo et in terra.

시쿠트 인 챌로 에트 인 테라.

'주님의 기도' 내용 가운데 일부입니다. 모든 사제는 서품 때 자신만의 서품 모토를 자유롭게 선택하게 됩니다. "하늘에서와 같이 땅에서도" 이루어지는 것이 저의 서품 모토였습니다.

오늘날 우리 사회는 아픔이 점점 내재화되는 것 같습니다. 각자가 몸담고 사는 자리에서 간혹 짧은 기쁨도 있지만 오래된 고통을 드러내지 못한 채 체념하고 깊어가는 통증을 그때그때 달래며 산다고 해야 할까요?

우리는 사람을 이렇게 사랑해서도 안 되고, 이렇게 사랑할 수도 없습니다.

Non enim sic debemus diligere homines, aut sic possumus diligere, vel amare.

논 에님 식 데베무스 딜리제레 호미네스, 아우트 식 포쑤무스 딜리제레, 벨 아마레.

— 아우구스티누스, 『요한 서간 강해』, 여덟째 강해 5

우리에게 출구가 필요합니다.

Necessarius nostris est egresus.

네체사리우스 노스트리스 에스트 에그레수스.

라틴어의 관용어 가운데 '세를 얼마나 냅니까Quanti habitas, 콴티 하비타스?', '가르치는 데 얼마를 받습니까Quanti doces, 콴티 도체스?'라는 표현이 있습니다. 이것을 보면 고대 로마인이나 현대의 우리나 사람이 살아가는 모습은 놀랍도록 비슷하다는 걸 느낍니다. 그래서 여전히 라틴어 명문이 우리 삶에 파고들 여지가 있는 것 아닐까 생각합니다. 그래서 자주 그 명문을 통해 묻고 싶습니다.

우리가 바라보며 아름답다고 느끼는 하늘과 바람과 별!

그것은 낭만적인 순간일 수도 있지만 그 낭만적인 순간이 인간을 이해하는 바탕이 되기도 합니다. 하늘을 어떻게 이해하고 우주를 어떻게 바라볼까 하는 문제는 궁극적으로 인간에 대한 이해로 되돌아옵니다. 몇십 광년이라는 시간을 거쳐 지구에 도달한 **우주의 별빛은, 그 출발은 지구로서나 그 빛이 출발한 행성으로서는 과거이지만 빛 자체는 늘 현재의 인간에게 보입니다. 별빛은 끊임없이 자신의 과거 모습을 보여주면서 인간에게 존재와 현실을 사유하게 만들지요.** 이렇게 다시 이해된 인간의 존재는 그 인간 존재가 이해하는 신에 대한 해석도 달리하게 만듭니다.

이러한 맥락에서 인간이 우주로 나아가고자 하는 몸짓은 단순히 미래 자원과 산업만을 위한 것이 아닌, 본래 인간이 가진 본능과 같은 것일지도 모릅니다. 인간이 끊임없이 우주로 나아가고자 하는 열망 안에는 궁극적으로 인간이 무엇인지 알고자 하는 숨겨진 갈망도 내포되어 있을 것입니다. 경험하지 못한 세계, 그 세계에서 만나는 생명체, 곧 타자를 통해 또 다른 우리를 볼 수 있을지 모릅니다.

그래서인지 인간은 고대로부터 밤하늘의 별을 바라봤습니다. 그리고 그 별들에 관한 이야기와 우주에 관한 이야기는 통치자의 전유물처럼 다뤄져오기도 했습니다. 우주와 세계에 대한 통찰은 인간에 대한 인식을 새롭게 하는 또 다른 방법이었을 것입니다. 그래서 그 우주론은 인식론이 되고 철학이 되었던 것이겠지요.

별 하나하나를 신으로 인정하다.
Síngulas stellas numero deos.
신글라스 스텔라스 누메로 데오스.

우리 한 사람, 한 사람을 신으로 인정한다면 어떻겠습니까?

당신은 무엇이 되기를 바랍니까?
Quid optas fieri?
퀴드 옵타스 피에리?

마음을 바꿔먹으면 놀랍도록 편안해질 때가 있습니다. 마음을 고쳐먹으면 한순간 현실의 색채가 달라집니다. 물론 그러기 위해선 긴 방황의 시간이 있을 수 있습니다. 괴로우면 마음껏 괴로워하고, 울고 싶으면 마음껏 울고, 하기 싫으면 모든 것을 다 내려놓고 방황할 수 있는 시간이 필요합니다. 그러나 오늘날 이렇게 하기는 현실적으로 불가능하지요. 그러면 다음의 라틴 격언을 기억해보십시오.

모든 사람의 마음에 들도록 하려는 것은 헛수고이다.

Frustra laborat qui omnibus placere studet.

푸르스트라 라보라트 퀴 옴니부스 플라체레 스투데트.

— 라틴 격언

다만,

무엇을 해야 할지 보는 것이 당신의 본분입니다.

Est tuum videre quid agatur.

에스트 투움 비데레 퀴드 아가투르.

— 키케로, 『무래나 변호문 Pro Lucio Muraena』, 38, 83

그리고 무엇보다

당신이 잘 있는(지내는) 것이 내게 가장 중요합니다.

Mea plurimum interest te valere.

메아 플루리뭄 인테레스트 테 발레레.

그래야 저도 잘 있을 수 있습니다.

내가 너희에게 이 말을 한 이유는, 내 기쁨이 너희 안에 있고 또 너희 기쁨이 충만하게 하려는 것이다. (요한 15, 11)

하늘에서와 같이 땅에서도!

그가 우리에게 말하는 것

초판 1쇄 발행 2024년 3월 29일

지은이 한동일
펴낸이 김수진
펴낸곳 (주)인티앤

출판등록 2022년 4월 14일 제2022-000051호
이메일 editor@intiand.com
인스타그램 @inti-n.pub

편집 김수진
디자인 studio CoCo
제작 세걸음

ISBN 979-11-93740-02-6 03200

Quod is nobis dict
Lectio Sacrae Scripturae ad Vitam